UNIVERSITÉ DE PARIS. — FACULTÉ DE DROIT

LE DANUBE

ÉTUDE DE DROIT INTERNATIONAL

THÈSE POUR LE DOCTORAT

Présentée et soutenue le mardi 16 mai 1899, à 10 heures

PAR

ANDRÉ DE SAINT CLAIR

AVOCAT A LA COUR D'APPEL

PARIS

LIBRAIRIE NOUVELLE DE DROIT ET DE JURISPRUDENCE

ARTHUR ROUSSEAU, ÉDITEUR

14, RUE SOUFFLOT ET RUE TOULLIER, 13

1899

THÈSE

POUR LE DOCTORAT

La Faculté n'entend donner aucune approbation ni improbation aux opinions émises dans les thèses ; ces opinions doivent être considérées comme propres à leurs auteurs.

UNIVERSITÉ DE PARIS. — FACULTÉ DE DROIT

LE DANUBE

ÉTUDE DE DROIT INTERNATIONAL

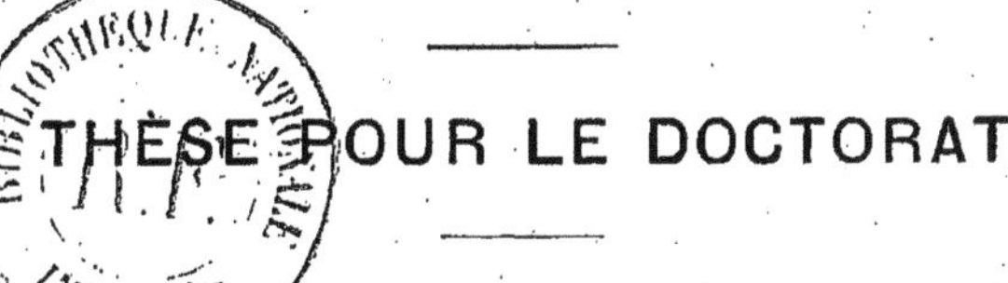

THÈSE POUR LE DOCTORAT

L'ACTE PUBLIC SUR LES MATIÈRES CI-APRÈS
Sera soutenu le mardi 16 mai 1899, à 10 heures

PAR

ANDRÉ DE SAINT CLAIR
AVOCAT A LA COUR D'APPEL

Président : M. RENAULT.
Suffragants : MM. LAINÉ, *professeur*.
PIÉDELIÈVRE, *agrégé*.

PARIS
LIBRAIRIE NOUVELLE DE DROIT ET DE JURISPRUDENCE
ARTHUR ROUSSEAU, ÉDITEUR
14, RUE SOUFFLOT ET RUE TOULLIER, 13

1899

A MON PERE

A MA MÈRE

BIBLIOGRAPHIE

Angeberg (d'). — Le Congrès de Vienne et les traités de 1815.

Anonyme. — Drei œsterreichische Denkschriften, 1858.

— Die Donauschifffahrtsfrage in ihrer Entwickelung von dem Wiener Congresse bis zum Abschlusse der Donauschifffahrtsacte vom 9 November 1857.

— Das geographische Element im Welthandel mit besonderer Rücksicht auf die Donau, 1843.

— Le Danube devant la Conférence de Londres, 1883.

— La Roumanie devant la Conférence de Londres, par un paysan du Danube, 1883.

Archives diplomatiques, année 1873, t. III.

Arntz. — Régime international du Danube.

Avril (d'). — La question du Danube. *Revue du Monde latin*, 1884.

Bela de Gonda. — L'amélioration des Portes de Fer et des autres cataractes du Bas Danube, 1896.

Benoit Brunswick. — Le traité de Berlin, 1878.

Bibesco. — Histoire d'une frontière, 1883.

Blociszewski. — Le nouveau canal des Portes de Fer. *Revue générale du droit international public*, 1897.

Bontoux. — Die Donau. *Œsterreichische Revue*, 1866.

Bunsen. — Die Donau, 1884.

— La question du Danube, *R. D. I.*, 1884.

Callimaki Catargi. — Appendice au livre vert roumain.

Caratheodory Effendi. — Droit international concernant les grands cours d'eau, 1861.

— Das Stromgebietsrecht und die internationale Flussschifffahrt. *Aus dem Holtzendorffschen Handbuch des Völkerrechts*, 1887.

Carlos Testa. — Droit public international maritime. Traduit par Boutiron, 1886.

Catellani. — La navigazione fluviale e la questione del Danubio secondo il diritto delli genti.

Cestiunea Dunarei. — Livre vert de Roumanie.
Championnière. — De la propriété des eaux courantes.
Commission européenne (Publications de la). — Note sur les travaux techniques de la commission européenne du Danube, 1856-1897.
— Règlement de navigation et de police applicable au Bas Danube. Tarif des droits de navigation. *Guide du navigateur*, 1896.
— Statistique de la navigation à l'embouchure du Danube pour l'année 1897.
Dahn. — Eine Lanze für Rumänien, 1883.
Debranz. — Le traité de Paris de 1856.
Delavaud. — Navigation et commerce des fleuves internationaux.
Dominé de Féret. — Les traités de Vienne, Paris et Berlin, 1880.
Engelhardt. — L'Autriche-Hongrie et la question du Danube. *Revue critique de législation et de jurisprudence*, 1881.
— Les embouchures du Danube et la commission instituée par le Congrès de Paris. *Revue des Deux-Mondes*, 1er juillet 1870.
— Discussion des derniers actes conventionnels relatifs au régime des fleuves internationaux. *R. D. I.*, 1881.
— Le droit fluvial conventionnel et le traité de Londres de 1883. *R. D. I.*, 1884.
— Histoire du droit fluvial conventionnel. *Nouvelle Revue historique de droit français et étranger*, t. XII et XIII.
— Les Portes de Fer. *Revue française*, 1880.
— La question du Danube. *R. D. I.*, 1883, p. 5.
— La question du Danube après la Conférence de Londres. *R. D. I.*, 1833, p. 340.
— Rapport au ministre des affaires étrangères sur les travaux de la Conférence africaine. *Livre jaune* de 1885 et de Clercq, t. XIV.
— Du principe de neutralité appliqué aux fleuves internationaux. *R. D. I.*, 1886.
— Régime conventionnel des fleuves internationaux, 1879.
— Régime des fleuves internationaux. *R. D. I.*, 1881.
Fauchille. — Le blocus maritime, 1882.
Geffcken. — La question du Danube, 1883.
Gœtz. — Das Donaugebiet.
Gourdon. — Histoire du Congrès de Paris, 1857.
Holtzendorff (von). — Handbuch des Völkerrechts, t. II, 1887.
— Les droits riverains de la Roumanie sur le Danube. Consultation de droit international, Leipzig, 1884.
— Rumäniens Uferrechte an der Donau. Leipzig, 1883.

Indépendance roumaine.— La police du Danube, juin 1890.
— L'Autriche sur le Danube, mars 1898.
Institut de droit international. — Projet de règlement international de navigation fluviale, adopté par l'Institut de droit international à Heidelberg, 1887. *Annuaire*, t. IX.
Itzelès. — Die Regulirungkosten der Donau, 1880.
Jellinek. — Œsterreich-Ungarn und Rumänien, 1884.
Kazanski. — Étude sur les fleuves internationaux, 1895.
— Les premiers éléments de l'organisation universelle. *R. D. I.*, 1897.
Klüber. — Acten des Wiener Congresses, 1815, t. III.
Laveleye (de). — La neutralité du Congo. *R. D. I.*, 1883.
Léon de Thier. — La question de la libre navigation des fleuves. Le Danube, 1882.
Lévy. — La Roumanie et la liberté du Danube, 1883.
Livre jaune. — Congrès de Paris, 1856.
— Conférence de Paris, 1858.
— Congrès de Berlin, 1878.
— Conférence de Londres, 1883.
— Affaires du Congo et de l'Afrique occidentale, 1885.
Lyon. — La Roumanie et la liberté du Danube. *Revue politique et littéraire*, février 1883.
Martens (de). — La conférence du Congo à Berlin, *R. D. I.*, 1886.
— Recueil des traités conclus par la Russie, t. IV.
Meyers Conversation Lexicon. — XX Band. Die Donaufrage, 1882-83.
Orban. — Droit fluvial international, 1896.
Pillet. — Les lois actuelles de la guerre, 1898.
Rizzetto. — La question danubienne et la Conférence de Londres, 1884.
Singer. — Die Donaufrage, 1882.
Stokes (sir John). — The Danube and its Trade. Notice lue le 22 avril 1890 à la Société des arts de Londres.
Strisower. — Die Donaufrage. *Zeitschrift für das Privat und öffentliche Recht der Gegenwart*, 1884.
Travers Twiss (sir). — La libre navigation du Congo. *R. D. I.*, 1883, p. 437 et 547 et 1884, p. 237.
Ursiano Valerian. — L'Autriche-Hongrie et la Roumanie dans la question du Danube, 1882.
Vernesco. — Les fleuves en droit international, 1888.
Vicq. — De Donauquestie, 1884.
Villaume. — Versuch über Flüsse, 1822.

Voisin Bey. — Notice sur les travaux d'amélioration de l'embouchure du Danube et du bras de Soulina de 1857 à 1891, 1893.

Welzhofer. — Der europäische Völkerverein. Seine Entwickelung und Zukunft, 1898.

Wolfbauer. — Die Donau, 1880.

Wurm. — Fünf Briefe uber die Freiheit der Flussschifffahrt, 1858.

— Vier Briefe über die Freiheit der Donauschifffahrt, 1855.

INTRODUCTION

« Les rivières, dit Heffter, loin d'être des barrières naturelles, forment au contraire de vraies artères de communication des différentes nations (1). » Cette vérité qui nous paraît aujourd'hui incontestable a subi de nombreuses controverses. Après avoir été largement admise par l'antiquité, elle a éprouvé une longue éclipse pendant toute la féodalité et c'est seulement la Convention nationale qui la fit réapparaître en 1792. Depuis cette époque, elle a pris de grands développements par suite du progrès du droit international et de l'accroissement des rapports entre États ; si bien qu'aujourd'hui ce n'est plus les grandes artères internationales qu'il s'agit de livrer à la libre navigation et au libre commerce, la chose est déjà faite, ce sont aussi les cours d'eau qui de leur source à leur embouchure ne coulent que sur un seul territoire.

Ce dernier point n'est encore qu'à l'état de projet, de desideratum de la science, aussi nous en occuperons-nous très incidemment. Notre étude a seulement pour but d'exposer le régime qui a été appliqué au Danube

(1) Heffter, *Le Droit international de l'Europe*. Edition Geffcken, p. 156.

et de voir en quoi ce régime est anormal, en quoi il est bon et quelle application des principes lui est faite.

Nous rappellerons, dans une première partie, les phases par lesquelles est passée la réglementation des fleuves internationaux et les principes généralement reconnus du droit fluvial international.

PREMIÈRE PARTIE

LE DROIT FLUVIAL INTERNATIONAL.

CHAPITRE PREMIER

HISTORIQUE DE LA RÉGLEMENTATION DES FLEUVES INTERNATIONAUX.

Dans l'antiquité grecque et romaine, le caractère international des fleuves n'est pas encore connu ; les relations commerciales des peuples entre eux sont assez peu fréquentes et ce n'est guère que vers la fin du XVIIe siècle que ce caractère nouveau va surgir et, en se développant, amener les transformations les plus intéressantes du droit fluvial moderne. Aussi notre étude de l'antiquité se bornera-t-elle à celle de la navigation intérieure, principalement à Rome ; car si les autres peuples ont également pratiqué la liberté de la navigation fluviale, aucun ne l'a développée et n'en a fait un usage plus complet que le monde romain.

Avant lui, en effet, les Phocéens et les Grecs avaient

pratiqué la liberté fluviale sur une large échelle, les Égyptiens également (1). Mais ces peuples divers, s'adonnant peu au commerce par eux-mêmes, ne lui donnèrent pas le même essor. Les Égyptiens qui possédaient une des plus belles artères navigables d'alors, laissaient tout leur commerce sur le Nil aux mains des étrangers. Les Grecs, s'ils trafiquèrent davantage, le firent surtout par mer. La métropole n'offrait en effet que des fleuves de médiocre importance et il faut aller chercher dans ses colonies la preuve de la liberté fluviale. Marseille, sa plus belle colonie en Gaule, à l'embouchure du Rhône, s'est toujours distinguée par son amour de la liberté de la navigation. De même, les nombreuses colonies du Pont-Euxin commerçaient librement avec les pays arrosés par les grands fleuves qui s'y jettent.

Mais Rome a apporté là, comme en toutes les autres branches du droit, sa largeur de vue incontestable et telle, qu'aujourd'hui encore, nous ne pouvons trouver de meilleur exemple.

La législation romaine reconnaissait aux voies navigables le caractère de *res communes jure naturali*. Les cours d'eau font partie du domaine public, en ce sens qu'ils sont ouverts *à tous*; la navigation et le commerce y sont libres. Sous l'empire de cette législation, la navigation des grandes artères se développa rapidement :

(1) Carathéodory, *Droit international concernant les grands cours d'eau*, p. 43-51.

le Rhin et le Danube dans l'intérieur de la métropole, le Rhône, la Saône et la Seine, dans les Gaules, se couvrirent rapidement de nombreuses flottes ; le trafic augmenta, les relations commerciales se multiplièrent. Enfin, le pouvoir impérial travailla à rendre la navigation plus facile soit en la protégeant contre les attaques des barbares au moyen des flottilles, soit en ordonnant des travaux d'art destinés à corriger les imperfections du courant naturel ou des rives et du lit.

L'usage des fleuves est donc libre, mais l'État se réserve d'exercer seul un droit de police, destiné d'ailleurs uniquement à permettre à chacun de jouir également des cours d'eau. En revanche, l'État perçoit un droit de navigation, *titulus navium*, qui n'était pas une source de revenus, qui n'était pas un droit fiscal, mais seulement un droit compensateur légitime, destiné à rembourser l'état des dépenses auxquelles l'entraînaient tant l'exercice de ce droit de police que les travaux d'amélioration qu'il accomplissait sur le fleuve dans l'intérêt commun.

En ce qui concerne son exercice, la navigation était, comme tous les métiers, organisée en corporation. Les *collegia nautarum*, institués comme toutes les autres corporations romaines, avaient leurs dignitaires : le préfet, le syndic et les maîtres (1). Ils jouissaient de la personnalité civile, et, au contraire de beaucoup d'autres

(1) Engelhardt, *Histoire du droit fluvial conventionnel. Nouvelle revue historique de droit fr. et étr.*, 1888, p. 738.

corporations, ils étaient gratifiés de nombreux privilèges et d'une certaine considération. Ces avantages leur venaient en partie du rôle de collecteurs d'impôt qu'ils remplissaient souvent pour les matières importées et aussi de ce que la navigation n'était pas considérée uniquement comme un travail manuel, caractère qui rendait les autres métiers méprisables. C'est par ces collèges de nautes que la navigation fluviale est exercée. Il en existe sur tous les cours d'eau navigables, et il est interdit à tous ceux qui ne sont pas membres de la corporation d'avoir un navire sur le fleuve. Bien mieux, chaque collège exploite une branche spéciale, à l'exclusion de tout autre : ainsi les bateliers de la Saône ne peuvent conduire leurs bateaux sur le Rhône et réciproquement ; les bateliers de l'Ill ne peuvent naviguer sur le Rhin.

Il est donc permis de se demander si la liberté fluviale n'est pas restée à l'état de principe et si les faits ne lui ont pas apporté un démenti, car en présence d'un tel particularisme, qui interdit à un collège de nautes d'exploiter un affluent du fleuve sur lequel il est établi, il est permis de penser que la même exclusion s'étend, *a fortiori*, aux navigateurs qui ne sont pas membres de la corporation. La question est de savoir si ces collèges de nautes ont le monopole de la navigation fluviale.

Il semble que la réponse doive être affirmative ; l'esprit d'association, très développé à Rome, et l'exclusivisme, conséquence presque fatale du régime corporatif, sont deux points d'appui suffisants. D'ailleurs si ce monopole n'avait pas existé en droit, il eût forcément été établi de fait; car comment un particulier aurait-il pu « lutter contre la concurrence d'associa-« tions fortement organisées et patronnées, qui, par « l'expérience technique et par la responsabilité mu-« tuelle de leurs membres, comme aussi par la multi-« plicité et la variété de leurs instruments de transport, « offraient au commerce d'incomparables garanties de « sécurité, de promptitude et de régularité (1) ».

Mais si le monopole des collèges nautiques semble établi, n'en résulte-t-il pas que la liberté fluviale n'était qu'un vain mot? Nullement; les corporations ne sont que des corps fermés, elles recrutent elles-mêmes leurs membres, chacun peut donc se présenter et être admis à participer à leurs avantages. Il n'y a à cela qu'une limitation : c'est de remplir les conditions que le collège a établies tant dans son intérêt personnel que dans celui de la navigation : conditions de capacité, de moralité et de ressources. Et ces garanties, loin de porter atteinte au droit public de naviguer, en sont la sauvegarde. Aucune liberté ne peut être absolue et, dans la circonstance, l'État romain remettait pour partie l'exercice de son droit de police au pouvoir des corporations, en leur accordant de contrôler les capacités nautiques du postulant dans l'intérêt général.

(1) Engelhardt, *loc. cit.*, p. 741.

Le système romain est donc un régime de liberté, surtout si on le compare à celui qui va lui succéder pendant près de dix siècles.

Le Moyen-Age semble s'être appliqué à détruire les principes libéraux du droit romain, par suite de transformations successives du VIIe siècle jusqu'au milieu du XVIIe. Lors de la chute de l'empire romain et de l'invasion des Barbares, aux Ve et VIe siècles, les institutions romaines subirent peu de changements. « Dans la Gaule, les institutions administratives et judiciaires de l'empire se maintinrent à côté des institutions barbares, tout en se modifiant insensiblement par le contact (1). » Les rois barbares se sont toujours considérés comme les successeurs de l'Empire, non comme ses vainqueurs. Il en résulte que, pendant cette courte période initiale, la navigation, grâce à la forte organisation des collèges de nautes, n'en continua pas moins assez activement, et grâce aussi à la quasi-protection de ce « régime mixte qui alliait à la violence un certain respect des coutumes locales et des principes fondamentaux du droit établi » (2). Jusqu'ici donc, l'ancienne théorie romaine, l'usage libre et commun des voies fluviales, subsiste; c'est à partir des VIIe et VIIIe siècles qu'elle va être battue en brèche et bientôt supplantée par la théorie de la domanialité.

Sous l'influence de quelles causes s'est produite cette

(1) Dalloz, *Essai sur l'histoire générale du droit français*, p. 64.
(2) Engelhardt, *Histoire du droit fluvial conventionnel*, p. 751.

transformation ? Ces causes sont multiples et successives ; le passage des eaux navigables du domaine public au domaine de la couronne a été le fruit d'une longue évolution tant de l'histoire que des théories juridiques.

Les Francs, après l'invasion, conservèrent, comme nous l'avons vu, l'esprit des institutions romaines ; ils conservèrent donc dans les pays envahis le même système d'administration, remplaçant uniquement les fonctionnaires romains par des fonctionnaires francs, généralement choisis parmi les ducs et les comtes, sortes de lieutenants royaux, qui, après avoir aidé à la conquête, allaient aider aussi à l'administration. Cependant les pouvoirs des ducs et des comtes n'étaient pas exactement les mêmes que ceux des *præfecti* (1). Ceux-ci n'étaient revêtus que du pouvoir civil, tandis que les autres reçurent et le pouvoir civil et le pouvoir militaire ; il fallait à la tête des pays nouveaux, foyers de troubles incessants, un pouvoir fort. Ils se trouvèrent, par là même, jouir d'une sorte de petite autonomie, qu'ils s'efforcèrent de rendre toujours plus grande, ce qui leur était singulièrement facile, étant donné le peu de surveillance dont ils pouvaient être l'objet ; et, bien mieux, le roi qui les avait nommés, renonça bientôt au pouvoir de les révoquer, en leur donnant leur fonction, à titre d'abord viager, puis héréditaire (877). Les attributs de la souveraineté tombent alors dans le domaine

(1) Vernesco, *Des fleuves en droit international*, p. 165 et suiv.

privé des ducs. Les uns possèdent en cette qualité les droits de fief; les autres les droits de justice. Ces deux droits n'ont à l'origine rien de commun. Le fief est la propriété territoriale qui donne au titulaire droit au titre de seigneur et « à la foi, au service, à la fidélité, à l'hommage et à l'obéissance de son vassal » (1). La justice, au contraire, est indépendante de la terre, c'est simplement le droit à des redevances sur un territoire déterminé, souvent différent du territoireféodal. « Ces droits justiciers, dit Championnière, participaient de l'universalité de l'impôt romain ; comme lui, ils affectaient toute chose, toute possession, toute manière d'être ou d'agir de l'homme, de la famille et de sa fortune (2). » Les uns frappaient les biens, les autres l'usage des choses publiques, les uns affectaient la personne, d'autres s'appliquaient à certaines jouissances. Tant que dura cette distinction du fief et de la justice, on ne put dire encore que les eaux courantes étaient soumises au droit de propriété des seigneurs riverains, car elles dépendaient uniquement du seigneur justicier ; et il en fut ainsi jusque vers le Xe siècle.

A partir de cette époque, la situation changea peu à peu. Les ducs et les comtes comprirent l'intérêt qu'il y avait pour eux à réunir dans les mêmes mains le fief et la justice. La confusion était d'autant plus facile à introduire qu'elle était déjà préparée par les circonstan-

(1) Championnière, *De la propriété des eaux courantes*, n° 128.
(2) Championnière, *loc. cit.*, n° 102.

ces de fait. Les deux droits, en effet, étaient quelquefois possédés par la même personne ; dans certaines provinces même c'était la règle. D'autres fois encore le fief et la justice étaient concédés en même temps. Enfin ils se traduisaient extérieurement un peu de la même manière : le seigneur féodal et le seigneur justicier devaient l'un et l'autre avoir leur château sur le territoire qui leur était soumis, et il en résulta que le droit de justice fut considéré comme un accessoire de la propriété même du château. Au XVIe siècle, la confusion fut complète, surtout lorsque la maxime « nulle terre sans seigneur », détournée de sa signification primitive sous l'influence des justiciers, en vint à signifier que, le cens supposant forcément le bail à cens, il était impossible de le séparer de la directe ou fief. « L'effet de cette règle nouvelle fut immense, dit Championnière, dans l'intérêt des justiciers ; ils devinrent ainsi seigneurs féodaux de toutes les terres sur lesquelles auparavant ils n'avaient que des droits de justice ; ils acquirent la propriété du sol, c'est-à-dire le domaine direct, là où ils ne l'avaient pas (1). »

Telle était la situation au XVIe siècle ; elle ne va pas subsister longtemps. La royauté, à cette époque, est redevenue forte, elle va faire prévaloir son autorité et, usant à son tour des maximes que les savants ont fait surgir pour les besoins des justiciers, elle va s'appro-

(1) Championnière, *loc. cit.*, n° 190.

prier elle-même tous leurs droits, au moins à titre de domaine éminent. C'est de cette époque que datent les règles : « Toute justice émane du roi » et « le roi est souverain fieffeux du royaume. » De là à conclure que le roi est propriétaire de tout le royaume et que les seigneurs ne sont que des délégués ou des concessionnaires, il n'y avait qu'un pas ; il fut vite franchi. Aussi, dès la première moitié du XVIIe siècle, Louis XIII se déclare-t-il déjà propriétaire du royaume. Louis XIV, dont l'autorité absolue était plus grande encore, ne fait que suivre l'exemple de son père, quand, à deux reprises, il se déclare propriétaire des fleuves et rivières navigables. « Déclarons la propriété de tous les fleuves et rivières portant bateau de leur fond, sans artifice et ouvrage de mains, dans notre royaume et terres de notre obéissance, faire partie du domaine de la couronne nonobstant tous titres et possessions contraires (1). » Un édit d'avril 1683 confirme cette déclaration solennelle : « Comme les grands fleuves et rivières navigables appartiennent en pleine propriété aux rois et aux souverains par le seul titre de leur souveraineté, tout ce qui se trouve renfermé dans leur lit, comme les îles, péages, bacs, pêche, etc.., nous appartiennent..., mais, comme en suite des remontrances qui nous auraient été faites, nous aurions bien voulu nous relâcher quelque chose des droits que nous y avions par le titre

(1) Ordonnance royale du mois d'août 1669, titre 27, art. 41. — Isambert, *Recueil des anciennes lois françaises*, t. XVIII, p. 291.

de notre couronne en faveur de ceux qui en jouissaient paisiblement plus de cent années auparavant.., confirmons en la propriété, possession et jouissance des îles, ilots, atterrissements, etc., tous les propriétaires qui rapporteront des titres de propriété authentiques... auparavant l'année 1566 (1). »

L'appropriation des voies navigables par la royauté est donc complète au XVIIe siècle ; elle durera jusqu'à la Révolution. En 1789, les mêmes droits passeront à la nation.

Telle est, brièvement résumée, l'évolution subie par les idées sur la propriété et la souveraineté des cours d'eau pendant le moyen âge et la monarchie absolue. Voyons maintenant quels ont été, en fait, les résultats de ce régime.

La justice étant « l'impôt devenu propriété privée», il était naturel que les justiciers cherchassent à en retirer le plus de revenus possible. Aussi, dès le début imposèrent-ils lourdement la navigation intérieure, les droits dont ils la grevèrent constituant la principale source de leurs revenus. Les droits de navigation, sous toutes leurs formes, péages, droits d'étape, relâche forcée, furent autant de barrières imposées par chaque seigneur riverain, auxquelles il faut ajouter les formalités des perceptions, le contrôle des marchandises et les entraves mises au passage au moyen de chaînes traversant le

(1) Isambert, t. XIX, p. 425.

fleuve pour assurer la perception des droits. Le commerce en subit les conséquences fâcheuses. « Dès le IXe siècle, dit Engelhardt, commence et se propage l'abus des droits de passage qui feront bientôt de chaque seigneurie un obstacle que les voyageurs et les marchands ne pourront franchir sans y laisser quelques dépouilles. Les communications deviendront de plus en plus difficiles et coûteuses, les populations s'isoleront les unes des autres, toute centralisation disparaîtra, et la barbarie du Xe siècle remplira l'histoire de ses méfaits (1). »

Le résultat de cette fiscalité à outrance sera l'abandon des voies navigables ; et le commerce se fera par les voies de terre, peu sûres il est vrai, mais aussi beaucoup moins onéreuses : « Il arrivera même que des ports, situés sur le même bassin, établiront entre eux des relations régulières par une route intérieure parallèle à ce bassin (2). » C'est de ces abus que sortira la réaction. Dès le XIe siècle, alors que les droits augmentent toujours, l'esprit d'association renaît ; les collèges nautiques, à demi étouffés par l'oppression des justiciers riverains, vont se relever et leur livrer la guerre. La Hanse de Rouen, la Hanse de Paris, la Hanse de la Loire, sont les plus prospères en France. Par des armes légales, elles luttèrent contre les abus des sei-

(1) Engelhardt, *Régime conv. des fleuves int.*, p. 12.
(2) Engelhardt, *Histoire du dr. fl. conv. Nouvelle revue historique*, t. XII, p. 756.

gneurs, rachetèrent des péages, se firent concéder la navigation sur certaines sections des fleuves, qui, grâce à leur activité, redeviennent promptement fréquentées.

Mais ces mêmes collèges de nautes, égoïstes par nature, excluent de leur domaine les bateliers qui leur sont étrangers ; ils ont le monopole de la navigation sur la section fluviale qui leur est concédée, de sorte que le nombre des empêchements s'accroît encore des obligations de rompre-charge et d'en confier le transport à l'association compétente. Si bien qu'aux XIIIe et XIVe siècles, les fleuves étaient divisés en une multitude de petits tronçons soumis chacun à une autorité différente et dont l'utilisation donne lieu à la perception de droits très onéreux. C'est seulement en se développant à nouveau que les associations de bateliers amenèrent un heureux résultat ; elles grandirent et prospérèrent et bientôt, ou bien réunirent les divers tronçons qu'elles possédaient sur le même fleuve, ou bien les agrandirent en supprimant, au moyen de rachats, les bornes que leur opposaient les seigneurs, si bien qu'une unité relative commençait à s'établir sur chacun des cours d'eau, quand, au XVIIe siècle, la royauté se déclara propriétaire.

Cette nouvelle évolution, produisant la suppression du plus grand nombre des droits justiciers, ou plutôt les réunissant tous dans une même main, ramena l'unité et, si les cours d'eau, en vertu de la théorie de la souveraineté, pouvaient encore être fermés aux étrangers, ils étaient du moins ouverts à la libre navigation des indigènes ; et, si des droits y étaient encore perçus, c'était, au moins en partie, à titre de remboursement des dépenses d'entretien et l'unité avait remplacé la diversité.

Tel fut le régime pratiqué en France pendant le moyen âge et les temps modernes. Il en fut de même dans les grandes lignes pour tous les pays où le régime féodal s'était établi. Le plus intéressant à cet égard est l'Allemagne et quoique ce pays ait agi sous l'influence de théories tout opposées à celles admises en France, les résultats furent cependant identiques.

Les codes du droit germanique féodal ont conservé dans sa pureté la théorie romaine, les fleuves et rivières navigables sont dans le domaine public, la navigation y est libre et sans entrave, accessible à tous (1) ; l'État n'a qu'un droit de surveillance et de police sur les eaux courantes et leur usage. Ces principes libéraux se transformèrent bientôt sous l'influence des jurisconsultes et de la loi de Frédéric Barberousse sur les droits régaliens. Cette loi reconnaissait à l'empereur des droits régaliens sur les fleuves navigables, c'est-à-dire certains droits d'impôt. On en conclut pratiquement à la propriété du souverain, bien que cette propriété ne fût encore écrite dans aucun texte. En théorie donc et légalement les

(1) Carathéodory, *Droit international des grands cours d'eau*, p. 76 et suiv.

fleuves n'étaient pas soumis au droit de propriété (1) ; mais, en pratique, les seigneurs agirent comme en France et, à partir du IXe siècle, les droits à la navigation ne firent que se multiplier et l'abus en fut tel que la batellerie en fut paralysée. Il en fut ainsi jusqu'au XIIIe siècle. A cette époque, comme en France, le réveil de l'esprit d'association amena la réaction. La Hanse du Nord, les associations de bateliers du Rhin et de ses affluents « se préparèrent à lutter contre l'arbitraire féodal que l'autorité souveraine ne sait plus réprimer » (2).

Le Rhin offre, en Allemagne, l'image la plus parfaite du régime féodal ; bordé d'innombrables seigneuries, dont les châteaux le dominent, il est en butte aux pratiques les plus vexatoires. Mais au XIIIe siècle, les grandes villes riveraines, jalouses de leur commerce qui dépérit, s'unissent et recueillent des adhésions, forment une ligue qui devient bientôt une véritable puissance s'étendant à tout le Rhin et même à une partie de l'Allemagne centrale. Ces *civitates conjuratæ* organisent une armée et une flottille pour résister à la force par la force. Dans le courant du XIIIe siècle, elles obtiennent d'assez nombreux succès, renversant les châteaux et abolissant les taxes. Mais les princes s'unissent à leur tour pour défendre leurs privilèges menacés et, à la fin du XIIIe siècle, ils forment le *Löwler Bund*. Grâce à cette union,

(1) Carathéodory, *Stromgebietsrecht*, dans Holtzendorff, *Manuel du droit des gens*, t. II, p. 290.
(2) Engelhardt, *loc. cit.*, p. 756.

ils obtiennent de l'empereur Charles IV confirmation dans la Bulle d'or, à titre perpétuel et irrévocable, du droit d'imposer la navigation et d'en réglementer la police. Cette concession devait marquer la fin de la lutte. Les villes conjurées durent céder, mais elles ne le firent que contraintes et forcées, après avoir arrosé les bords du Rhin, pour lequel elles luttaient, du sang de leurs fils.

Les princes et seigneurs ont donc la victoire. Le premier usage qu'ils en font est de rétablir les taxes anciennes et d'en créer de nouvelles, puis ils se préoccupent de l'entretien et de la police des cours d'eau. Telle est la situation des fleuves allemands à la fin du XIVe siècle. Mais, tandis qu'en France, date de cette époque l'unification des péages par l'absorption licite des droits féodaux par la royauté, le même régime continuera en Allemagne et s'y fortifiera par l'extension constitutionnelle des pouvoirs des grands feudataires, d'où résulte que la diversité va continuer et s'accentuer sans cesse jusqu'à la Révolution française.

Le Rhin, l'Elbe et l'Escaut en souffriront tout particulièrement ; les étapes et relâches forcées y abondent, les péages croissent sans cesse, les monopoles s'y établissent pour le plus grand bien du seigneur riverain mais non du commerce.

Il semble que le Congrès de Westphalie ait tenté d'apporter une modification à cet état de choses. S'il ne réussit pas, il faut du moins lui reconnaître le mérite d'avoir, pour la première fois, fait rentrer la réglementation de la navigation des fleuves communs dans le domaine du droit conventionnel. Jusque-là elle était laissée à l'arbitraire absolu de chacun des intéressés. Depuis 1648, au contraire, et à partir du Congrès de Vienne surtout, elle devient un chapitre du droit international ; elle n'est possible que moyennant accord entre tous les intéressés.

Les négociations du Traité de Westphalie sont instructives. Comme il avait pour but de rétablir le commerce après la paix, on demanda l'avis du commerce lui-même. Par ses mandataires, il fit dire au Congrès que la première condition de rétablissement du commerce était la liberté de navigation : « Que l'on proscrive toutes violences sur les voies de communication publiques, notamment sur les fleuves, dans leurs ports et à leurs embouchures, violences fiscales et administratives qui grèvent les navires de droits nouveaux... Nous demandons en un mot la suppression du brigandage pratiqué sur les routes et sur les courants navigables. » L'assemblée comprit et ne demanda pas plus d'explications. Instruite par ces plaintes, elle déclara dans le Traité d'Osnabruck que les fleuves jouiraient à l'avenir de la même sécurité qu'avant la guerre : « *Fluminibus quibuscumque sua pristina securitas, jurisdictio et usus, prout ante hos motus bellicos a pluribus annis retro fuit, restituantur et inviolabiliter conserventur.* » Grande innovation ! Le commerce n'en garda pas la reconnaissance ; on lui accordait le maintien de libertés qui n'existaient pas ; on maintenait le régime antérieur à la guerre alors que c'était précisément de ce régime que le commerce demandait la suppression. Il n'y eut donc de ce côté aucune amélioration. Il y eut au contraire dans le Traité contemporain de Munster une véritable aggravation du régime, en ce que l'Espagne et les Provinces Unies convinrent de la fermeture de l'Escaut du côté de ces mêmes Provinces-Unies. Cette clause devait durer un siècle et demi et amener la perte d'Anvers.

La paix de Westphalie n'a donc rien changé : les droits subsistent, les seigneurs ne sont pas disposés à les faire disparaître, le commerce en souffre, la navigation s'étiole.

Le mouvement semble cependant être né ; Grotius a fait paraître ses ouvrages, son influence va s'étendre (1). Le traité de Ryswick de 1697 revient sur la question ; il

(1) C'est par l'ensemble de ses ouvrages et de ses théories que Grotius exerça une influence sur notre matière. Il s'est, en effet, peu occupé du domaine fluvial. Cependant il déclare qu'il est permis de se servir du bien d'autrui, lorsqu'on peut en tirer quelque utilité, sans qu'il en coûte rien au propriétaire ; c'est le droit d'*usage innocent* que Puffendorf avait déjà étudié. Grotius applique cette idée, expressément, aux rivières, considérées comme eau courante. Les rivières sont, dans ce cas, dit-il, « du nombre des choses qui sont demeurées en commun », si bien qu'on « est tenu de laisser passer par les fleuves, etc. qui peuvent nous appartenir, ceux qui veulent aller ailleurs ». Il reconnaît ce droit de passage, non seulement aux personnes, mais aussi aux marchandises et il soutient même (on voit qu'il devance beaucoup son temps) que ces marchandises ne peuvent être soumises à aucun droit de passage, autre que celui destiné à rembourser l'État riverain des dépenses occasionnées par le passage. Grotius, *De jure belli ac pacis*, trad. Barbeyrac, liv. II, ch. II, §§ 11, 12, 13, 14.

accorde aux riverains la libre navigation du Rhin, supprime les relâches forcées et les obligations de rompre charge. Mais il eut le sort de son prédécesseur, il resta lettre morte. Les péages et étapes résistèrent à cette nouvelle attaque. Le traité de Ryswick n'est digne de remarque que parce qu'il établit une véritable communauté fluviale entre co-riverains. C'est cette communauté qui sera appelée à se développer et à s'étendre, dans la suite, même aux non-riverains.

Le droit fluvial progresse donc timidement en Europe, ou, pour mieux dire, voudrait progresser mais ne le peut. C'est alors que les États-Unis d'Amérique vont lui donner l'impulsion. Ils réclament la liberté fluviale au nom du droit naturel et des conventions, et l'obtinrent dès 1763 pour le Mississipi ; mais, l'Espagne la leur enlève en 1783, après l'acquisition de la Louisiane, et ne consentit à la restituer qu'en 1795 par le traité de San Lorenzo el Real.

L'Europe n'était pas encore arrivée à ce résultat, mais elle en approchait. La question de l'ouverture de l'Escaut en 1784 devait attirer l'attention. Joseph II s'étant rendu compte du tort que faisait aux Pays-Bas autrichiens la fermeture de ce fleuve (1), notifie aux Hollandais qu'il le considère comme ouvert. Mais les États généraux repoussent cette prétention ; les Hollandais sont décidés à s'opposer à son accomplissement

(1) V. *suprà*, p. 30.

et arrêtent les deux premiers bateaux autrichiens qui tentent le passage. Enfin les deux États se mettent d'accord sur l'intervention d'un médiateur. La France, choisie de part et d'autre, décide, dans le traité de Fontainebleau, que l'Escaut restera fermé aux provinces belges « depuis Saftingen jusqu'à la mer, ainsi que les canaux de Sass, de Swin et autres, conformément au traité de Munster » (1). Il est curieux de voir que la France, sept ans seulement avant le jour où elle proclamera la liberté de la navigation, était encore si profondément attachée aux anciennes restrictions.

Ce fut en effet sans aucune transition que la Révolution française allait établir le régime de la liberté. Le 16 novembre 1792, le Conseil exécutif provisoire abolit d'un seul coup les restrictions apportées par les précédents traités et déclara libres la navigation et le commerce sur l'Escaut et la Meuse. Les principes sur lesquels il s'appuie sont du domaine du droit naturel : « Les gênes et entraves auxquelles jusqu'alors la navigation et le commerce ont été exposés, tant sur l'Escaut que sur la Meuse, sont directement contraires aux principes du droit naturel que tous les Français ont juré de maintenir ; une nation ne saurait sans injustice prétendre au droit d'occuper exclusivement le canal d'une rivière et empêcher que les peuples voisins qui bordent les rives supérieures ne jouissent des mêmes avantages. »

(1) Traité de Fontainebleau du 8 novembre 1785, art. 7.

« Ce document mémorable peut être considéré comme le précurseur de toutes les mesures qui ont été prises plus tard sur cette matière (1). » Il ne resta pas, comme l'article 9 du traité de Westphalie, sans résultat. Dès les premiers jours il fut rendu effectif et dans la suite il ne fit que se perfectionner. Pour le moment, il ne s'agissait pas d'ouvrir le fleuve aux navires de toutes les nations, mais seulement d'établir entre les co-riverains un condominium leur garantissant l'usage commun et remplaçant les propriétaires multiples par un seul : la communauté des riverains.

Dès 1795, par un traité conclu le 16 mai entre la République française et la République batave, le décret de 1792 reçut exécution. « La navigation du Rhin, de la Meuse, de l'Escaut, du Hondt et de toutes leurs branches jusqu'à la mer sera libre aux deux nations française et batave », disait l'article 18. Le principe était maintenant admis, et, pour le faire prévaloir, la France s'efforcera de le faire pénétrer dans toutes les conventions ; c'est ce qui eut lieu au traité de Campo Formio (17 octobre 1797), lequel étendit les mêmes stipulations aux eaux communes entre les possessions autrichiennes et la République cisalpine (2).

A partir de ce moment, les événements se succèdent

(1) Carathéodory, *Cours d'eau*, p. 100.

(2) Article 11. La navigation de la partie des rivières et canaux servant de limites entre les possessions de S. M. l'empereur et celles de la République cisalpine sera libre, sans que ni l'une ni l'autre puissance puisse y établir aucun péage, etc.

avec rapidité. Le congrès de Rastadt fit gagner d'un seul coup un grand développement à la question des fleuves. Dans la séance du 3 mai 1798, les plénipotentiaires français présentèrent au Congrès une note dans laquelle ils posaient les conditions du régime projeté pour le Rhin. Ces conditions étaient : communauté des riverains ; admission possible des non-riverains ; entretien des chemins de halage à frais communs ; suppression des péages. Les plénipotentiaires français exprimaient en outre l'espoir que les affluents du Rhin et les autres grands fleuves d'Allemagne, notamment le Danube, seraient accessibles au pavillon français. Cette proposition fut reçue avec stupeur par les négociateurs étrangers, mais les villes commerçantes furent transportées d'enthousiasme et firent parvenir des adresses aux délégués français. Notons seulement celle de la ville d'Ulm qui nous intéresse particulièrement : « Il est digne de la République française ... d'établir ... le principe ... que les péages sur le Danube seront abolis entièrement en Bavière comme en Autriche, ou bien que ni la Bavière ni l'Autriche ne peut charger d'impositions extraordinaires le commerce qui se fait sur le Danube depuis Ulm juqu'en Turquie (1). » C'est la première mention qui soit faite du Danube dans les négociations pour la liberté fluviale.

Quoi qu'il en soit, la députation de l'Empire qui eut

(1) Engelhardt, *Nouvelle revue historique*, t. XIII, p. 84, 85.

à se prononcer, ne crut pas pouvoir prendre un engagement semblable, et la question resta sans être résolue, quand le Congrès prit fin par le massacre des plénipotentiaires français. Mais ces avances ne restèrent pas inutiles. A la suite du traité de Lunéville, les bases posées à Rastadt furent acceptées par la députation de l'Empire, et, en vertu de ce premier accord, l'électeur archi-chancelier reçut, de la Confédération germanique, pleins pouvoirs pour arrêter avec le gouvernement français l'organisation administrative du Rhin.

C'est de ces dernières négociations que résulta la convention du 15 août 1804, relative à l'octroi de navigation du Rhin. Cette convention, la plus importante qui soit intervenue jusqu'à ce moment, exerça dans la suite son influence bienfaisante. « Elle est, dit Engelhardt, le premier code moderne de législation internationale des fleuves, l'acte auquel le Congrès de Vienne emprunta dans la suite la plupart des maximes générales que le droit public contemporain a consacrées (1). »

En raison de son importance (2), nous en ferons une brève analyse. L'article 2 établit la communauté fluviale dont les traités de Westphalie, de Ryswick, la déclaration de 1792 et le Congrès de Rastadt avaient déjà timidement parlé. Cette communauté est désormais complète et se traduit par l'application de règlements

(1) Engelhardt, *Régime conventionnel*, p. 27.
(2) V. le texte dans de Clercq, II, 91.

communs et la création d'une autorité unique et commune (art. 43). Tous droits d'étape, de relâche forcée, d'échelle, d'accise, de transit sont supprimés (art. 8); il reste un seul droit perceptible, le droit d'octroi organisé par la convention (art. 93 à 107), et quelques droits en retour de services rendus, tels que droits de grue, de quai, de poids et de magasinage (art. 8 et 9). Pour assurer la sécurité de la navigation et éviter les accidents, il est organisé des associations de bateliers qui seuls pourront faire le service dans la partie commune du fleuve (art. 14); la convention organise la manière dont se recruteront ces associations (art. 15-19). La police du fleuve et de la navigation est fixée d'une manière très explicite (art. 20 à 32). L'entretien des chemins de halage incombe à chacun des contractants sur sa rive (art. 33-36). Les douanes subsistent (art. 41). Il est enfin institué une commission chargée de juger les recours portés devant elle par les contrevenants (art. 123-124), elle est compétente pour la police de la navigation et la perception de l'octroi.

Telle est, dans ses grandes lignes, la Convention de 1804. Ce sont les mêmes traits généraux que nous retrouverons dans les conventions postérieures, sauf perfectionnement. L'idée de communauté ira toujours en grandissant, l'abolition des droits de navigation deviendra plus complète, les organes communs se multiplieront. La navigation rhénane reprit un nouvel essor sous l'influence de cette convention dont l'exemple fut rapidement imité : l'Elbe et la Vistule furent gratifiées d'un régime analogue.

On pouvait croire que l'Europe ne retomberait plus dans les erreurs passées ; le régime de liberté semblait devoir prospérer sans arrêt. Il n'en fut pas ainsi. Napoléon, dès 1810, maître de toute la rive gauche du Rhin, décrète que tout bâtiment étranger doit rompre charge à Nimègue, s'il vient de l'aval, à Mayence, s'il vient d'amont, et que la navigation intermédiaire sera réservée aux seuls bâtiments français. La Hollande suit l'exemple de Napoléon et, en 1813, le Rhin subit le même exclusivisme qu'au commencement du XVIIIe siècle.

Ce régime rétrograde eut heureusement une courte durée. Le 30 mai 1814, les souverains alliés, réunis à Paris et résolus à réagir contre l'arbitraire en proclamant, au nom de l'Europe, la liberté des fleuves internationaux, signèrent le célèbre article 5 qui est devenu le point de départ de la législation fluviale postérieure. Par cet article, les cinq grandes Puissances étendaient à tous les fleuves internationaux et en faveur même des non-riverains, les principes de 1792. « La navigation sur le Rhin, y était-il dit, sera libre du point où le fleuve devient navigable jusqu'à la mer, de telle sorte qu'elle ne puisse être interdite à personne, et l'on s'occupera au futur Congrès des principes d'après lesquels on pourra régler les droits à prélever par les États riverains de la manière la plus égale et la plus favorable au commerce de toutes les nations.

« Il sera examiné et décidé de même dans le futur Congrès, de quelle manière, pour faciliter les communications entre les peuples et les rendre toujours moins étrangers les uns aux autres, la disposition ci-dessus pourra être également étendue à tous les autres fleuves qui, dans leur cours navigable, séparent ou traversent différents États. »

C'est de ce jour que datent tous les progrès accomplis dans la suite. La perfection du régime des fleuves internationaux y est en substance, il ne restera qu'à l'appliquer ; ce sera l'œuvre des nombreux congrès et conférences qui s'échelonnent de 1815 à 1885.

Conformément à l'article précité, une commission spéciale du Congrès de Vienne examina la question de la liberté fluviale, spécialement en ce qui concerne le Rhin et l'Escaut, les seuls nommément désignés dans le traité de 1814. Dans ce but les représentants de la France, de l'Autriche, de la Prusse et de l'Angleterre s'adjoignirent les représentants des États riverains intéressés : Hollande, Bavière, Bade, Hesse et Nassau. Ce concours semblait devoir donner d'heureux résultats ; nous verrons qu'ils n'ont pas été sans mélange. Les représentants riverains s'efforcèrent en effet de faire prévaloir leurs intérêts ou tout au moins de les sauvegarder (1).

La commission se trouva en présence de deux projets

(1) Voir les protocoles dans Klüber, *Acten des Wiener Congresses*, t. III et d'Angeberg, *Le Congrès de Vienne et les Traités de* 1815.

de règlement : l'un était français et avait pour auteur le duc de Dalberg, l'autre était prussien, soutenu par Guillaume de Humboldt. Le premier fut admis comme base des délibérations, il disait en substance que le Rhin serait considéré comme un fleuve commun entre les États riverains et que la navigation y serait entièrement libre et ne pourrait être interdite à personne. La liberté était donc complète : liberté de commerce et de navigation. Lorsque vint la discussion de cet article, M. de Humboldt y proposa un amendement qui fut adopté et dans lequel la liberté, prévue par la déclaration de 1814 et organisée par le projet français, recevait une grave atteinte. « La navigation sur le Rhin, disait-il, sera entièrement libre et ne pourra, sous le rapport du commerce, être interdite à personne. » L'adjonction des mots *sous le rapport du commerce* restreignait la liberté d'une manière contraire au traité de Paris, car, comme le fit remarquer Lord Clancarty, délégué de l'Angleterre, la liberté entière s'étend au commerce et à la navigation. Mais le mal serait de peu d'importance si ce texte n'avait effectivement donné lieu, dans la suite, à des systèmes divergents et restrictifs et s'il ne servait, encore aujourd'hui, d'argument à ceux qui prétendent réserver la libre navigation aux riverains, à l'exclusion des étrangers. Sur d'autres points de détails, le projet du duc de Dalberg rencontra encore l'opposition des riverains, si bien qu'en comparant les articles 108 à 117 de l'acte final de Vienne et la déclaration de 1814, on est frappé des différences qui les séparent.

Les principes généraux, énoncés à Vienne, se ramènent aux quatre chefs suivants : la navigation est libre sur les fleuves internationaux, sous le rapport du commerce (1). Les États riverains conservent leur souveraineté sur la partie qui borde ou traverse leur territoire, mais ne peuvent porter atteinte à la liberté de navigation en établissant des étapes ou relâches forcées. Les droits de douane n'ont rien de commun avec eux. La police de la navigation et la perception des droits seront, dans la mesure du possible, les mêmes sur tout le cours du fleuve.

On reconnaît généralement que le Congrès de Vienne n'a fait que poser un minimum obligatoire pour tous les signataires et qu'il a laissé à chacun d'eux la faculté d'organiser une liberté plus complète ou d'élargir les principes admis (2).

Nous avons dit que l'adoption de ces principes avait donné lieu à une certaine résistance de la part des riverains ; cette même résistance va se retrouver quand il s'agira de les appliquer. L'Escaut seul et, un peu plus

(1) Il est peut-être utile de noter ici la différence entre la liberté de navigation et la liberté du commerce. La première permet à tous les bâtiments, même étrangers, l'usage de la voie fluviale. La seconde permet aux marchandises l'utilisation de la voie fluviale pour se rendre à destination sans être soumises à un droit de transit. Dans le cas présent, les marchandises ne peuvent user de cette liberté que par l'entremise d'un navire riverain.

(2) Cf. Carathéodory, *Cours d'eau*, p. 108 et 109.

tard, le Pô furent soumis à un régime véritablement conforme aux prescriptions de 1814. En ce qui concerne le Rhin notamment, les dérogations furent nombreuses ; il dut attendre plus d'un demi-siècle encore la jouissance effective de la liberté. L'acte du Rhin négocié à Mayence de 1816 à 1831 reproduit les restrictions que M. de Humboldt avait fait prévaloir au Congrès de Vienne. Les négociations interminables aboutirent, le 31 mars 1831, à la convention de Mayence qui réservait la liberté de navigation aux riverains et accordait la liberté de commerce à toutes les nations (1). C'est bien la doctrine de M. de Humboldt qui était adoptée ; l'article 1er reproduit même la restriction « sous le rapport du commerce » qu'il avait fait admettre à Vienne. Les tendances particularistes s'étaient donné libre carrière pendant les négociations et la Hollande alla jusqu'à prétendre qu'elle pouvait fermer le Rhin, les mots « jusqu'à la mer », employés dans le traité de 1815, ne voulant pas dire jusque dans la mer. On voit par ce seul exemple combien les idées avaient dévié.

De là il est permis de conclure que les articles 108 à 117 du traité de Vienne n'ont pas été intégralement appliqués. Il faut attendre jusqu'en 1856 pour voir rétablir enfin les principes et les saines doctrines de 1814. Le traité de Paris du 31 mars 1856 fait acte de réparation et « semble avoir voulu rétablir la loi méconnue

(1) De Clercq, IV, p. 24.

de l'égalité universelle (1) ». Il étendit les principes de 1815 au Danube qui jusqu'alors avait été passé sous silence et le livra tout entier à la navigation internationale. Par leur application des principes, les articles 15 à 19 du traité de Paris firent faire un grand progrès à la cause de la liberté.

Le Danube fait désormais partie du droit public européen et les puissances signataires le prennent sous leur garantie. La navigation ne peut y être soumise à aucun droit, ni à aucun empêchement, toutes les nations y sont traitées sur le pied d'égalité. Enfin les articles 16 et 17 apportent une véritable innovation en instituant, à côté de la commission riveraine, formée des seuls délégués des États riverains, une commission européenne, formée des délégués de tous les États signataires. La communauté des riverains est donc définitivement établie après tant d'hésitations et des organes fixes lui sont donnés.

Le traité de Paris étendit son influence : grâce à lui fut dénoncée la convention de Mayence réglementant la navigation du Rhin. Cette convention fut remplacée en 1868 ; si minimes que soient ses modifications, il faut cependant les signaler, car elles ont été faites dans la voie de la liberté. L'octroi du Rhin, qui avait été maintenu jusqu'ici, fut supprimé ; et la double liberté de la navigation et du commerce fut reconnue à tous,

(1) Engelhardt, *Régime conventionnel*, p. 48.

même aux non-riverains. Il y a là un progrès sur la convention de 1831, mais c'est un progrès purement théorique. Il ne faut pas en effet se laisser éblouir par les mots et, si la convention de 1868 proclame la liberté de la navigation, elle en soumet l'exercice à de telles conditions et formalités, qu'elle semble reprendre d'une main ce qu'elle donnait à regret de l'autre. Ces conditions, dont la moindre est la nécessité, pour ceux qui veulent exercer la batellerie sur le Rhin, d'avoir un domicile dans l'un des États riverains, ne peuvent, en réalité, être remplies que par les sujets de ces États ; de sorte qu'en fait la liberté de la navigation n'existe pas davantage aujourd'hui sur le Rhin qu'elle n'existait en 1831. Le droit seul a gagné quelque chose à cette modification ; le fait est demeuré le même.

Le dernier acte qu'il nous reste à étudier est l'Acte général de Berlin pour régler la liberté du commerce dans les bassins du Congo et du Niger (1), signé par la plupart des États européens et les États-Unis d'Amérique, le 26 février 1885. Il constitue le dernier progrès du droit fluvial conventionnel et doit aujourd'hui servir d'exemple à toutes les transactions à venir ; il ne s'est pas contenté en effet d'appliquer les principes du traité de Vienne, il ne s'est pas tenu enfermé dans ce minimum obligatoire, il s'est élevé plus haut et a tiré des

(1) De Clercq, XIV, 447. — Livre jaune, *Affaires du Congo et de l'Afrique occidentale*, 1885.

principes leurs conséquences et les a appliquées pour le plus grand bien des relations internationales.

L'Acte de navigation du Congo et l'Acte de navigation du Niger sont identiques, sauf en un point : sur le Congo, il est institué une commission internationale (art. 17), composée des délégués de tous les États signataires et dont les attributions sont fort étendues : administration, police, finances, etc. (1) ; tandis que sur le Niger ces attributions sont confiées aux riverains, la France et l'Angleterre, sur l'étendue du fleuve soumise à leur souveraineté.

Il nous suffira donc d'analyser l'Acte de navigation du Congo pour savoir tous les progrès réalisés. En premier lieu, la liberté de commerce et de navigation ne s'étend plus seulement à la branche principale du fleuve, elle est, cette fois, expressément appliquée à tous ses embranchements, embouchures et affluents, ce qui tranche la question si controversée de savoir si les affluents suivent ou non le régime de la branche principale. Sur toutes ces voies navigables, les navires et les sujets de toutes nations sont traités sur le pied d'égalité et ne sont assujettis à aucun péage, aucun transit, aucune relâche. Il ne pourra être perçu de taxes qu'à titre de rétribution d'un service rendu à la navigation. L'article 16 constitue la plus grande innovation ;

(1) D'après l'article 19, elle devait être constituée dès la nomination de cinq délégués, et la réunion devait être provoquée par le gouvernement allemand. Jusqu'ici, la commission n'a pas été réunie.

il décide que non seulement la voie navigable sera ouverte à tous, mais encore les ouvrages de terre ayant pour but de suppléer à l'innavigabilité ou aux imperfections de la voie fluviale : « routes, chemins de fer, canaux latéraux, et il ne pourra y être perçu que des péages calculés sur les frais d'établissement et d'entretien. » Enfin il est décidé que l'acte de navigation restera en vigueur même en temps de guerre ; que les nations neutres et belligérantes pourront librement continuer le commerce et la navigation (art. 25) tant sur le Congo et le Niger que sur les affluents, routes, etc. Il n'est fait d'exception que pour la contrebande de guerre.

Tels sont les derniers progrès du droit fluvial international ; ils ne s'appliquent actuellement qu'aux deux fleuves africains, mais il est permis d'espérer que cet exemple sera suivi, et qu'un jour tous les fleuves jouiront d'un régime aussi libéral, organisé et sanctionné par une union internationale pour la libre navigation des fleuves. C'est par ce seul moyen qu'on obtiendra une unité et une communauté parfaites. Jusque-là on ne pourra parler que d'un droit commun des conventions, obtenu en prenant dans chacune d'elles les règles communes à plusieurs et qui semblent assez unanimement adoptées pour former la base d'une entente future. C'est l'objet qui va nous occuper maintenant.

CHAPITRE II

PRINCIPES GÉNÉRAUX DU DROIT CONVENTIONNEL ACTUELLEMENT EN VIGUEUR SUR LES FLEUVES INTERNATIONAUX.

Nous nous proposons d'étudier, sous cette rubrique, les règles générales résultant des divers traités internationaux sur la navigation fluviale. Nous aurons l'occasion de constater que l'Institut de droit international a repris ces principes et les a perfectionnés, élaborant ainsi un règlement destiné à servir de base à une union future (1).

§ 1. — Étendue du domaine fluvial commun.

Avant d'entrer dans cet examen, il importe de savoir ce qu'il faut entendre sous le nom de fleuve international. Par là, on entend tout fleuve dont le cours navigable traverse ou sépare deux ou plusieurs États ; le seul fait d'arroser plusieurs territoires donne à un cours d'eau le caractère international.

De cette définition ressort clairement qu'on distingue

(1) Projet de règlement international de navigation fluviale adopté par l'Institut de Droit international à Heidelberg, 1887, *Annuaire*, t. IX.

deux sortes de fleuves internationaux : ceux qui servent de frontière aux États et ceux qui les traversent. Pour les deux, d'ailleurs, les principes sont les mêmes, ils ne diffèrent que par leur partage entre les souverainetés riveraines. Les fleuves internationaux sont soumis, on le sait, à une réglementation en commun et à la liberté de navigation. Sur quelle partie du fleuve s'étendra cette réglementation ? Quelle sera l'étendue du domaine fluvial commun ? Le traité de 1815 répondait : du point où chaque rivière devient navigable jusqu'à son embouchure. Ce texte pourtant fort clair donna lieu dans la suite à des difficultés. En 1819, la Hollande, opposée à la liberté de navigation du Rhin, à cause des profits qu'elle retirait d'un régime exclusif, prétendit qu'elle pouvait en fermer les embouchures, car le traité de Vienne ne disait pas que les navires auraient libre accès à la mer (1). Malgré de longues négociations, la Hollande ne voulut pas céder et, en 1831, intervint simplement un *modus vivendi* respectant sa prétention. La Hollande était loin de l'esprit du traité et il est reconnu depuis longtemps que la navigation est libre jusque dans la mer ; sinon de quelle utilité serait la liberté ? C'est la solution qui a été adoptée pour le Danube (2),

(1) V. dans Engelhardt, *Régime conventionnel*, p. 55 et suiv. la longue discussion à laquelle cette fausse interprétation a donné lieu.

(2) Le règlement élaboré en 1865 par la commission européenne a même décidé que la communauté s'étendrait jusqu'à deux milles en mer, à partir du môle de la jetée nord de Soulina. Art. 7, *Règlement de navigation*, 2 novembre 1865.

c'est celle qu'a admise l'article 3 du règlement de Heidelberg. Pour ce qui est de la limite supérieure, on admet généralement qu'un fleuve est navigable à partir de la frontière ou de la ville la plus rapprochée du point où la navigation devient effectivement régulière. On ne tient compte, pour la fixation de cette limite, que du mouvement de la navigation, de son degré d'activité et de régularité, non du tonnage des navires. Cette limite est généralement fixée d'un commun accord.

Si, ce qui arrive le plus souvent pour les grands fleuves, le cours d'eau se divise en plusieurs branches avant de se jeter à la mer, on admet habituellement qu'une seule branche est soumise à la communauté, le choix en est fait par les intéressés et c'est l'embouchure la plus facilement navigable ou celle qui présente les plus grandes commodités qui devra être choisie.

Tous les embranchements navigables du fleuve, situés en amont des embouchures, sont soumis également à la communauté. Il ne faut pas exclure non plus de ce régime les accidents du fleuve tels que rapides et cataractes, l'acte de Berlin les y a fait rentrer avec raison.

A côté de ces mêmes questions, il s'en pose une autre pour les fleuves qui séparent deux États ; car, outre la communauté des riverains d'amont et d'aval, il en est une autre plus intime, la communauté des deux États riverains sur la partie du fleuve qui leur sert de frontière. Et d'abord, quelle est la ligne de démarcation entre les deux États? Longtemps on admit que c'était la ligne médiane du fleuve ; mais on reconnut à ce système de nombreux inconvénients. Cette ligne varie avec le niveau des eaux quand les deux rives ne sont pas d'égale hauteur ; puis, lorsque le fleuve s'étend un peu, toute une moitié du fleuve peut n'être pas navigable et le chenal profond se trouver tout entier sur l'autre partie. Aussi depuis un siècle (1), est-il généralement admis que la frontière est formée par le thalweg, c'est-à-dire « par la ligne médiane du chenal ». La frontière suit donc le milieu de la partie la plus profonde du lit, elle se traduit généralement par la plus grande vitesse du courant. De là résulte que chacun des États a dans sa souveraineté la moitié des qualités utiles du cours d'eau.

De cette démarcation résulte que les îles qui se trouvent dans le fleuve appartiennent au territoire contigu, soit en totalité soit en partie, suivant leur situation par rapport au thalweg.

Voilà donc nettement déterminé le domaine fluvial commun du cours d'eau principal. Mais que décider à l'égard des affluents navigables ? La raison seule décide qu'ils doivent être soumis à la même condition que le cours principal, *accessorium sequitur principale* ; et puis

(1) C'est depuis le Congrès de Rastadt que cette solution est adoptée. Aussi est-ce à tort que Hefter dit que si un fleuve sépare deux États, « l'empire de l'un et de l'autre s'étend jusqu'au milieu du fleuve » et « qu'exceptionnellement le thalweg a servi de limite ». C'est aujourd'hui la règle non contestée.

les riverains de l'affluent n'ont-ils pas les mêmes droits que les riverains du fleuve à leur débouché vers la mer? Le Congrès de Vienne n'en a pourtant pas décidé ainsi ; il n'a assimilé aux fleuves internationaux que les affluents qui sont eux-mêmes internationaux ; donc le riverain unique d'un affluent ne peut user du fleuve dans lequel il se jette. Il y a là une anomalie certaine, que la pratique a déjà fait disparaître en partie : ainsi l'Autriche par traités particuliers l'a supprimée pour le Pô et pour le Danube supérieur (1) ; de même le Pruth est ouvert depuis 1866 à la libre navigation (2). Mais ces mesures n'ont jamais été admises pour le Rhin et l'acte du Danube ne parle pas des affluents. Cependant l'assimilation complète n'est plus aujourd'hui qu'une question de temps ; elle est inscrite dans l'acte de Berlin pour tous les affluents du Congo et du Niger (art. 15) et forme l'article 4 du Règlement de Heidelberg.

§ 2. — Liberté de navigation.

C'est au Congrès de Vienne que revient indubitablement l'honneur d'avoir livré les fleuves internationaux à la concurrence universelle ; l'article 109 de l'acte de 1815 ne laisse aucun doute à cet égard. Il faut bien re-

(1) Traité avec la Sardaigne, 6 août 1849. Traité avec la Bavière du 2 décembre 1851.

(2) Traité du 15 décembre 1866 entre la Roumanie, la Russie et l'Autriche.

connaître, il est vrai, que les faits ont pendant longtemps obscurci le principe, mais la base était du moins posée et ne devait pas disparaître. Le traité de Paris de 1856 le fit revivre et, en supprimant tout danger d'équivoque, assurait sa victoire définitive. L'article 15 en effet disait formellement : « Il ne devra être apporté aucun obstacle, quel qu'il soit, à la libre navigation. » Il en résulta un nouvel essor, on s'habitua à la liberté fluviale, elle ne parut plus une anomalie, et l'acte de Berlin put enfin la consacrer définitivement, en 1885, dans toute sa pureté, au moins pour les fleuves africains.

Le principe, aujourd'hui universellement reconnu, est que les fleuves internationaux sont ouverts au libre commerce et à la libre navigation de tous. C'est ce que l'Institut de droit international a voulu dire dans l'article 3 de son règlement : « La navigation ... est entièrement libre et ne peut, sous le rapport du commerce, être interdite à aucun pavillon. » Bien qu'il ait reproduit l'amendement de M. Humboldt au Congrès de Vienne, il faut l'entendre en ce sens que la liberté est complète au point de vue de la navigation aussi bien qu'à celui du commerce, car c'est avec son sens originaire qu'il reproduit l'article 109 du traité de 1815.

De ce principe de liberté résulte que le fleuve est ouvert également aux riverains et aux non-riverains, les deux ayant des droits égaux et devant être traités sur le pied d'une parfaite égalité (1). Cette égalité proscrit

(1) Règlement de Heidelberg, art. 4.

toute réglementation différentielle entre eux. C'est pourquoi l'acte de navigation du Rhin, de 1868, prescrivant aux non-riverains les formalités vexatoires et compliquées dont les riverains sont dispensés, n'est pas compatible avec le régime de liberté.

De plus, comme aucune distinction n'est faite entre les différentes sortes de navigation, on doit nécessairement conclure que toute navigation est permise, même le cabotage fluvial, le grand cabotage qui s'exerce entre deux États riverains et même le petit cabotage qui a lieu entre ports d'un même État (1). Aussi l'acte du Danube de 1857 était-il contraire au traité de Paris de 1856 et ne fut-il jamais appliqué : il réservait le cabotage fluvial aux seuls riverains. Pour la même raison, nous croyons que le second paragraphe de l'article 8 du règlement de Heidelberg consacre une solution trop étroite en interdisant le petit cabotage fluvial aux navires étrangers non munis d'une concession spéciale. Il peut y avoir en effet des inconvénients à l'autoriser *de plano* dans le droit actuel, mais on pourrait les éviter autrement, par exemple en restreignant les immunités des navires étrangers qui se livreraient à ce commerce. L'acte de Berlin, du 26 février 1885, ne fait d'ailleurs aucune distinction à ce sujet et permet à tous, sans autorisation, le petit cabotage sur le Congo et le Niger.

(1) C'est l'avis de Carathéodory dans *Stromgebietsrecht...*, p. 309 et de M. Engelhardt dans *Régime conv.*, p. 103 à 106. Ce dernier auteur a changé d'opinion depuis lors, car c'est sur sa proposition qu'a été adoptée la disposition contraire de l'article 8 du Règlement de Heidelberg.

Enfin le régime de liberté, en privant les riverains d'une certaine partie de leur indépendance, leur interdit de faire sur le fleuve des travaux ou établissements pouvant nuire à la navigation ou même simplement la retarder, sauf évidemment le cas de nécessité absolue. C'est ainsi que, pour l'établissement d'un pont, la construction doit être faite de manière que les arches permettent aux navires du plus fort tonnage de passer. Dans ce but les plans devront être approuvés par les États intéressés (1).

L'usage de la liberté n'est soumis qu'à une condition : le respect des règlements de police.

§ 3. — Droits et devoirs des riverains.

Les droits des États riverains d'un fleuve international résultent des devoirs que leur impose le voisinage de ce cours d'eau (2). Leur souveraineté sur la partie du fleuve dont ils sont riverains est intacte ou du moins ne subit d'autre altération que le droit d'usage commun des autres riverains et des non-riverains. Le premier devoir de l'État riverain est donc de permettre aux autres États de jouir du bénéfice de la navigation et, dans ce but, il peut et doit la réglementer.

La police de la navigation appartient donc théorique-

(1) Cf. négociations entre la France et la Prusse à propos du pont de chemin de fer sur le Rhin à Cologne ; et article 4, règlement du 2 juin 1882.

(2) Carathéodory, *Cours d'eau*, p. 32 et 38 et *Stromgebietsrecht*, p. 311.

ment à chacun des États riverains sur sa section fluviale ; mais, dans l'intérêt même de la navigation, il importe que ces règles soient uniformes sur le cours d'eau tout entier. Il s'agit en effet de prévenir les accidents, de réglementer le chargement et le déchargement des marchandises, de maintenir l'ordre dans les ports et les rades, etc. Aussi est-il reconnu et l'Institut de droit international a-t-il décidé (art. 1 et 21) que les « États riverains règlent d'un commun accord tout ce qui a rapport à la navigation ». Ces règlements de police sont obligatoires pour tous ceux qui fréquentent le fleuve, sans aucune exception et sans distinction de nationalité.

Outre les règles générales de police, ces règlements contiennent ordinairement l'obligation du pilotage. Cette obligation se concilie parfaitement avec l'abolition des monopoles et le régime de liberté ; elle n'a d'autre but que d'assurer la sécurité du fleuve, non la préservation de la propriété individuelle ; elle existe, non pour éviter la perte d'un bâtiment, mais pour éviter que le bâtiment échoue et obstrue la voie navigable, interrompant du même coup la navigation et causant de graves dommages. L'obligation du pilotage se concilie d'autant mieux avec la liberté qu'on ne l'impose que dans les passages étroits et difficiles où la navigation exige une connaissance particulière des lieux et que, dans les autres sections du fleuve, on laisse aux capitaines la faculté de recourir au pilote ou de conduire eux-mêmes leur bâtiment.

Nous verrons plus loin quelles autorités sont chargées de faire respecter les règlements de police. Disons d'un mot que les autorités ordinaires de l'État riverain ont ce pouvoir concurremment avec les autorités fluviales.

De la même source que nous avons fait découler le droit de police, nous faisons sortir aussi le droit de procéder sur le fleuve à des travaux de correction et d'entretien. Puisque les riverains conservent leur souveraineté, c'est à eux qu'il appartient de maintenir le fleuve dans un bon état de navigabilité, soit en corrigeant les imperfections qui en rendent le parcours difficile, soit en conservant aux parties navigables leurs bonnes qualités. Le but de ces travaux étant généralement l'intérêt commun, ils doivent être élaborés et décidés en commun ; ils ne peuvent être exécutés qu'avec l'approbation de tous les intéressés riverains. Il en est ainsi, du moins, pour tous les travaux d'intérêt général. Pour les travaux de moindre importance, n'intéressant souvent qu'un État, ils sont laissés à la libre initiative de chacun d'eux, à la condition toutefois qu'ils ne portent aucun préjudice à la navigation et ne modifient en rien le régime des eaux. Dans ce cas l'État qui les entreprend en supporte les frais. Les autres, au contraire, sont exécutés aux frais de la communauté, frais qui sont recouvrés au moyen de droits de navigation. Les travaux ainsi concertés en commun sont exécutés sur le territoire de chacun des États, sans qu'aucun d'eux puisse s'y opposer.

Telles sont les règles qui ont été communément adoptées, depuis le traité de Vienne jusqu'au règlement de navigation du Danube, pour les principaux fleuves européens. Ce sont celles que l'Institut de droit international a consacrées dans ses articles 24, 25 et 26 en laissant peut-être toutefois, au moins dans les termes, une plus grande indépendance aux États vis-à-vis de la communauté.

Nous avons dit, en parlant des travaux, que des droits de navigation pouvaient être levés en compensation des frais qu'ils entraînaient. Ces droits ne sont-ils pas un retour à l'ancien régime et une atteinte au principe de liberté ? Non ; car en principe tous droits sont abolis, conformément au traité de Vienne et surtout au traité de Paris de 1856. « Tous droits d'étape, d'échelle, de dépôt, de rompre-charge ou de relâche forcée, tout péage quelconque » sont interdits sur les fleuves internationaux (1). Il ne peut être levé de droits qu'en tant qu'ils « ne seront pas une source de revenus directs », et qu'ils répondront à un service rendu à la navigation. C'est bien dans cette catégorie que rentrent les droits perçus en rémunération des travaux de correction et d'entretien. Quoi de plus juste en effet que de faire payer par ceux qui en bénéficient les frais occasionnés par la voie navigable ? Il s'ensuit que leur produit ne doit pas être supérieur à l'intérêt des som-

(1) Règlement de Heidelberg, art. 10.

mes engagées et à leur amortissement et que ces sommes une fois amorties, il ne reste plus à récupérer que les frais d'entretien (1).

Les droits ne peuvent être levés qu'en vertu d'une décision commune ; ils doivent être égaux pour tous, indépendants de la nature des marchandises et ne reposer que sur le seul fait d'un service rendu. C'est ce que le traité de 1856 décidait pour le Danube et ce que l'acte de Berlin a étendu au Congo et au Niger. Donc, égalité de traitement de tous les pavillons, révision périodique nécessaire des tarifs (2) et centralisation des recettes et dépenses.

La plus grosse difficulté pour maintenir l'égalité de traitement est l'établissement des tarifs. Les bâtiments qui usent de la voie fluviale appartiennent à différentes nationalités, ont des mesures de jaugeage différentes, ce qui rend l'unité et l'uniformité très difficiles. Pour se rapprocher, dans la mesure du possible, de l'égalité, les tarifs furent d'abord établis sur une triple base : la capacité du navire, la nature de la cargaison et la durée du voyage. Mais ce système, bien que préférable aux systèmes antérieurs, ne respectait qu'approximativement l'égalité et donnait lieu à de nombreuses difficultés pratiques ; aussi dut-on bientôt le simplifier. C'est alors que la commission européenne du

(1) *Id.*, art. 5.

(2) La révision périodique des tarifs a été adoptée par l'acte de Berlin, art. 14 *in fine* ; la durée des périodes est de 5 années. Le même système de révision quinquennale existe sur le Danube, art. 15, règlement de 1865.

Danube admit un système nouveau, beaucoup plus simple : il n'y a qu'un seul élément de calcul, la capacité du navire. Mais, comme nous l'avons dit, les méthodes de jaugeage diffèrent avec chaque pays ; aussi la commission européenne alla plus loin et ramena toutes les unités de jauge en usage à une seule, en établissant leur rapport au tonneau de registre anglais mesuré d'après la méthode recommandée en 1873 par la commission internationale du tonnage réunie à Constantinople (1). On est ainsi arrivé à une commune mesure qui permet l'application facile et égale des droits. Ce système a été bientôt adopté sur plusieurs autres cours d'eau internationaux et, en 1883, sur le canal de Suez. Depuis lors, le navire n'a qu'une seule formalité à remplir : la présentation de ses papiers de bord.

Il faut bien reconnaître, il est vrai, que ce système n'est qu'un expédient destiné à attendre qu'une même unité de jauge soit admise par toutes les nations (2).

Telles sont les règles admises en ce qui concerne les droits de navigation destinés au remboursement des dépenses techniques et administratives. Elles sont consacrées par l'article 14-3° de l'acte de Berlin et par l'article 5 du règlement de l'Institut de droit international.

Bien que nous n'ayons mentionné que les frais occa-

(1) Art. 10 et 11 du tarif du 19 novembre 1889. Le tonneau de registre anglais est égal à 2 mc. 83. Cf. Voisin Bey, *Travaux d'amélioration du Danube*, p. 380 et suiv.

(2) Le règlement de Heidelberg, dans son article 39, établit la nécessité d'un accord en ce qui concerne le jaugeage des navires.

sionnés par les travaux, il faut leur assimiler tous les frais d'entretien et d'administration : phare, balisage et personnel administratif. En dehors de ces droits, il ne peut en être perçu aucun autre, sauf les droits de pilotage pour ceux qui ont recours aux pilotes et les taxes perçues dans les ports pour l'usage effectif de certains objets tels que balances, grues, magasins, etc. (1).

Le voisinage du fleuve est encore l'origine d'un droit des riverains. Par la voie navigable, ouverte au trafic universel, des maladies épidémiques seront facilement importées ; il est nécessaire que les États riverains, les plus directement exposés, puissent se prémunir contre ces calamités publiques ; il est juste que la liberté de la navigation ne les condamne pas à un tel préjudice, sans profit pour personne. C'est dans ce but qu'on leur accorde le droit de contrôler l'état sanitaire des navires qui entrent ou sortent du fleuve et le droit de leur imposer des quarantaines en cas de maladie.

Mais le progrès de l'art médical a singulièrement modifié les idées depuis un quart de siècle. On ne considère plus aujourd'hui les quarantaines comme un moyen très utile ou un remède efficace contre la propagation des fléaux épidémiques (2) ; le système compliqué, le réseau serré de cordons sanitaires qu'on maintenait encore il y a quelques années, se simplifie et se relâche. Malgré cette simplification, il n'en restait

(1) Acte de Berlin, art. 14, Règlement de Heidelberg, art. 11 et 13.
(2) Engelhardt, *Régime conventionnel*, p. 167-171.

pas moins très embarrassant de trouver un mode de surveillance qui s'accommodât avec la liberté fluviale. Il est facile pour un État maritime de tenir éloignés de ses côtes les navires infestés ou soupçonnés de l'être ; il est impossible qu'un État barre le fleuve au détriment de ses co-riverains supérieurs.

On est arrivé cependant à concilier les deux intérêts. On reconnaît aujourd'hui que les quarantaines n'ont de réelle efficacité et ne peuvent être prescrites qu'à l'embouchure du fleuve. La surveillance s'exerce à cet endroit tant sur les navires qui entrent dans le fleuve que sur ceux qui en sortent et elle ne s'étend pas plus loin ; le cours supérieur de la navigation n'est nullement entravé. Ce qu'il faut ici, c'est que les prescriptions sanitaires tiennent le juste milieu entre le souci de la santé et les besoins de la navigation. Aussi, tant qu'aucune épidémie ne s'est déclarée, la circulation sur le fleuve reste permise à tous les navires, sans formalité, ils sont tenus seulement de présenter leur patente de santé aux autorités des ports où ils mouillent. Si une épidémie vient à éclater, la quarantaine peut être rétablie à l'embouchure ; après quoi, aucune mesure sanitaire ne peut être prise en amont. Si l'épidémie, enfin, s'étend à tout le cours du fleuve, toute mesure exceptionnelle et restrictive doit être supprimée (1). L'établissement quarantenaire des embouchures du fleuve est créé par

(1) V. art. 18, 19, 20 du règlement de navigation du Danube du 2 novembre 1865 et art. 6 et 7 de l'acte additionnel du 28 mai 1881.

les riverains d'un commun accord et entretenu à frais communs.

Ces principes ont été consacrés par le règlement de navigation du Danube moyen du 2 juin 1882 (art. 10), par l'acte de Berlin (art. 24) et par l'Institut de droit international (art. 23). Il faut noter cependant que les deux derniers mentionnent la possibilité pour les puissances riveraines d'établir un contrôle sanitaire dans le cours de la navigation intérieure, si elles le jugent nécessaire.

Nous faisons encore rentrer au nombre des droits et des devoirs des riverains la faculté de lever des taxes douanières et la nécessité d'établir des ports francs. L'une et l'autre viennent évidemment des obligations que leur impose le voisinage du fleuve, mais à des titres différents. A vrai dire, les douanes ne trouvent place ici qu'à cause des particularités administratives engendrées par la liberté de navigation, car elles reposent toujours sur le même principe : le droit de souveraineté des États, auquel il n'a pas été dérogé. Quant à l'obligation d'établir des ports francs, elle résulte uniquement d'une nécessité créée par le voisinage du cours d'eau.

En ce qui concerne les douanes riveraines, le traité de 1815 (art. 115) décidait qu'elles n'auraient rien de commun avec les droits de navigation. Aussi considère-t-on généralement le cours du fleuve comme ne faisant pas partie du territoire douanier, « les lignes douanières suivent partout le cours du fleuve, sans jamais le traverser », dit la convention du Pruth. En sorte que les marchandises transportées ne sont soumises à aucun droit d'importation ou de transit, aussi longtemps qu'elles n'abordent pas. Mais, pour éviter la contrebande qui ne manquerait pas de se produire si on appliquait ce système purement et simplement, la pratique a institué, le long des rives du fleuve, des bureaux de douane dont le but est d'assurer la perception des taxes.

Tout navire passant devant un bureau de douane frontière doit s'y arrêter et produire son manifeste. Les marchandises destinées à l'État dont dépend la section fluviale employée sont alors frappées des droits de douane. S'il s'agit d'exportation, la même procédure a lieu au bureau de sortie. Quant au transit, il n'est soumis qu'à une formalité : s'il a lieu sur une section du fleuve appartenant à un seul État, on plombe les écoutilles et on place au besoin un agent de la douane à bord. S'il a lieu sur une section fluviale bordée par des riverains différents, on se borne à l'examen du manifeste et de la cargaison aux bureaux d'octroi. A part ces formalités, le transit n'est soumis à aucun droit ni à aucune entrave.

Pour assurer l'exécution de ces dispositions les navires ne peuvent décharger leur cargaison que dans les ports pourvus d'un bureau de douane ou désignés par les autorités douanières, sauf le cas de force majeure (1).

Les intérêts du commerce international exigent en-

(1) Cf. art. 9, 12, 17, 18, 20 du règlement de Heidelberg.

core la création par les États riverains de ports francs ou d'entrepôts. La plupart des grands fleuves ne sont en effet navigables pour les bâtiments de mer que sur un assez faible parcours et le point de démarcation entre la navigation fluviale et la navigation maritime est généralement marqué par l'existence d'un grand port où les deux navigations se combinent. A cet endroit les bâtiments de mer doivent déposer leur cargaison pour la confier à des navires d'un plus faible tirant d'eau, qui la transporteront soit à leur destination, soit à un autre point d'amont où eux-mêmes devront la confier à d'autres bâtiments pour la même raison. Il est donc nécessaire, qu'à ces différents endroits, on établisse soit des ports francs, soit des entrepôts dans lesquels les marchandises destinées à un transport plus lointain ou à la réexportation pourront être déchargées ou déposées sans être soumises au tarif douanier.

C'est d'ailleurs ce qui a été fait par la plupart des règlements de navigation qui prescrivent la création de ports francs dans chaque État riverain.

Les droits des États riverains sont donc strictement limités par les devoirs que leur impose le voisinage du fleuve ; ils se résument en droit de police de la navigation, droits sanitaires, droit de procéder à certains travaux et faculté de lever certaines taxes. En dehors de ces droits, le voisinage d'un fleuve international ne confère à ses riverains aucune autre prérogative ; mais il ne leur en enlève non plus aucune. Leur souveraineté reste entière dans les limites où elle se concilie avec le droit à la navigation (1).

§ 4. — Autorités fluviales.

Nous avons étudié dans le paragraphe précédent les droits des États riverains d'un fleuve commun, il nous faut voir maintenant par quels organes ces droits sont exercés. La souveraineté des États sera-t-elle complète, ou s'effacera-t-elle devant la communauté et dans quelle mesure? Pour résoudre cette question, nous diviserons les attributions à exercer d'après quatre chefs : la police, l'administration, la justice et les travaux.

En vertu de sa souveraineté territoriale, chaque État conserve, sur son territoire, son droit de police et de surveillance, qu'il exerce par ses autorités ordinaires de police. Mais, concurremment avec ces agents nationaux, la surveillance de l'application des règlements fluviaux est aussi confiée aux organes de la communauté. La souveraineté des États est encore respectée, la communauté n'ayant qu'un droit concurrent.

Pour la compréhension de ce qui va suivre, il faut expliquer maintenant comment la communauté des riverains se manifeste et par quels organes elle agit. Sur la plupart des fleuves internationaux, par exemple le Niger, l'Escaut, la Meuse, l'Elbe, le Weser, etc., la

(1) Art. 28 du règlement Heidelberg.

communauté n'est pas représentée par des organes distincts de ceux des États qui la composent. Dans ce cas, chaque fois qu'une décision doit être prise en commun, les gouvernements négocient entre eux par les voies ordinaires ; et son exécution est assurée sur le territoire de chacun des contractants par les autorités de droit commun. Nous ne nous occuperons pas davantage de cette organisation, puisqu'elle n'offre rien de spécial et qu'elle tombe dans le domaine du droit intérieur ; en un mot, les mesures de police seront exercées par les agents de la police locale ; l'administration sera particulière à chaque État et rentrera dans son système général d'administration. La justice sera assurée par ses tribunaux et les travaux exécutés par ses ingénieurs après entente (1).

Sur d'autres fleuves, au contraire, le Danube, le Rhin, le Congo, le Pruth, etc., la communauté se traduit d'une manière plus évidente par l'organisation d'une commission composée des délégués de tous les États riverains, ou même des États non riverains signataires des actes de navigation. Cette commission reçoit la totalité ou une partie seulement des droits des riverains, et les exerce soit exclusivement, soit concurremment avec eux, par des organes qui lui sont propres et ne dépendent que d'elle. Ces organes sont un inspec-

(1) V. pour exemple un arrangement du 8 juin 1898, entre la France et l'Allemagne, concernant l'alimentation du canal de la Meuse au Rhin et notamment les articles 4 et 5. *J. Off.* du 15 décembre 1898.

teur général, des inspecteurs locaux, des employés, des ingénieurs, etc.

Il est clair maintenant qu'au cas où cette communauté existe, ce sont ses agents qui exercent les attributions de police, soit les inspecteurs, soit des agents *ad hoc*, nommés par la commission et agissant en son nom.

Quant aux attributions administratives, elles sont exercées aussi par les organes de la commission ou par la commission elle-même. Celle-ci se réserve généralement les questions qui intéressent particulièrement la navigation, la police, les tarifs, en un mot toutes les mesures importantes. Elle forme la plus haute autorité fluviale et décide en dernier ressort de toute modification ou innovation dans les règlements de police, dans les questions intéressant les finances de la communauté: travaux, tarifs, etc. Dans ces cas, les inspecteurs ne font que lui préparer le travail, lui fournir les rapports et renseignements dont elle a besoin (1).

Les fonctions judiciaires donnent lieu à plus de divergence entre les actes internationaux. Tantôt la compétence est laissée aux tribunaux ordinaires, tantôt elle leur est enlevée pour être reportée aux organes de la communauté, tantôt enfin il est créé des tribunaux spéciaux, véritables tribunaux internationaux composés de

(1) Art. 30. Règlement de Heidelberg, art. 19 et 20, acte de Berlin. L'acte de Berlin introduit une innovation en posant l'obligation d'une entente de la commission avec les puissances souveraines intéressées, quand il s'agira de prescrire des travaux sur le cours du Congo, art. 20, 1°.

juges nommés par les riverains, avec compétence exclusive pour tout ce qui concerne la navigation.

Dans la première catégorie, rentre la Convention pour la navigation du Rhin, signée à Mannheim le 17 octobre 1868. D'après son article 33, il doit être établi, dans les localités situées le long du fleuve, des tribunaux pour la navigation du Rhin, compétents en première instance, en matière civile et pénale. Ces tribunaux ne diffèrent pas des tribunaux ordinaires et rendent la justice au nom du souverain territorial. En appel, chaque pays désigne une cour, située autant que possible sur le fleuve « devant laquelle pourront être portés les jugements rendus sur son territoire par les tribunaux de première instance pour la navigation du Rhin » (art. 38). La compétence des tribunaux ordinaires est donc maintenue, sauf une restriction : en appel, les parties ont la faculté de se pourvoir à leur choix devant le tribunal supérieur ordinaire ou devant la commission centrale siégeant à Mannheim (art. 43 et 45, 3°).

Le règlement de navigation du Danube signé à Galatz le 2 novembre 1865, modifié le 19 mai 1881, attribue au contraire la compétence aux organes de la communauté.

D'après son article 108, la compétence appartient en première instance à l'Inspecteur général de la navigation et au Capitaine du port de Soulina, chacun dans la limite de son ressort. Or, ces deux fonctionnaires sont bien des représentants attitrés de la communauté, étant nommés par la commission et ne dépendant que d'elle. En appel, c'est encore à l'organe suprême de la communauté qu'est dévolue la compétence: « L'appel contre les jugements, dit l'article 110, est porté soit devant la commission européenne, soit devant le tribunal mixte qui pourra être éventuellement institué à Soulina ». Ce tribunal n'a pas été créé et la commission européenne est seule juge du second degré (1).

Le troisième système d'attribution des fonctions judiciaires : la création de tribunaux mixtes internationaux (comme le tribunal prévu pour le Danube, dans l'article 110 ci-dessus), se rapproche, à vrai dire, considérablement du système précédent ; il se ramène comme lui à l'exercice de ces fonctions par un organe de la communauté, institué *ad hoc* et c'est seulement par ce dernier caractère qu'il se distingue du précédent. Tandis que l'un a recours aux organes déjà existants : inspecteurs, commission, l'autre en crée de nouveaux n'ayant d'autres fonctions que celles-là. C'est ce que fit, par exemple, la convention revisée de 1804 (2). Elle créait, sur le Rhin, auprès de chaque bureau d'octroi, un tribunal composé d'un juge unique, nommé et rétribué par l'État dont le bureau d'octroi dépendait, mais sa compétence s'étendait à toutes les infractions com-

(1) V. également le règlement de navigation du Pruth des 28 janvier/9 février 1871, art. 84.

(2) V. Engelhardt, *Régime conv.*, p. 190 et 191.

mises dans son ressort, abstraction faite de la nationalité du délinquant. Si le bureau d'octroi appartenait à plusieurs États à la fois,« le juge était rétribué par les États associés au prorata de leur part dans les recettes ». Ce dernier système est actuellement abandonné ; les deux autres seuls sont pratiqués et semblent devoir l'être uniquement à l'avenir.

L'acte de navigation du Niger ne trace aucune règle de compétence. Pour ce fleuve, il est vrai, une détermination précise n'était pas indispensable, car les deux États riverains, la France et l'Angleterre, ayant conservé réciproquement tous leurs droits sur leurs sections respectives et en l'absence d'organes communs, les règles ordinaires de la compétence trouvent leur application naturelle. Quant au Congo,il est décidé, par l'article 19-4°, que « les infractions aux règlements seront réprimées par les agents de la commission là où elle exercera directement son autorité et, ailleurs, par la puissance riveraine ». C'est une combinaison du second système et du premier et il semble que ce soit là également la solution de l'avenir, quoiqu'en cette matière l'uniformité ne soit pas nécessaire. C'est en effet à un système mixte que s'arrête le règlement de l'Institut de Droit international. Il donne compétence en première instance à l'inspecteur en chef de la navigation et le recours contre ses jugements peut être porté soit devant un tribunal spécial de navigation, soit devant une cour locale désignée par chaque riverain, soit enfin devant la commission riveraine (art. 22, 36, 37).

Quant aux autorités techniques, le droit commun est solidement établi et ne donne lieu à aucune controverse. Puisque chaque État entreprend sur sa section les travaux nécessaires, il est évident qu'il nomme également les ingénieurs chargés de les décider et de les surveiller. Pour les autres travaux, ceux qui intéressent tout le fleuve, la décision en appartient à la commission riveraine ou aux États riverains, préalablement mis d'accord, en l'absence de commission. L'exécution en est surveillée dans le premier cas par les ingénieurs de la commission, dans l'autre cas par les ingénieurs sur le choix desquels l'accord a été fait (1).

§ 5. — Contrôle des non-riverains.

Les puissances signataires d'un traité général de navigation, qu'elles soient riveraines ou non, ont-elles un droit égal de contrôle sur l'application des dispositions qu'il contient? Cette question, dont la solution semble évidente, a donné lieu à de vives discussions et on ne peut dire qu'elle soit encore complètement résolue. Il y a là, en effet, une lutte inévitable entre les États riverains et les États non-riverains : les premiers cherchant à conserver la plus grande part de souveraineté possible, les seconds s'opposant à voir les avantages, que le traité général leur procure, supprimés en fait par le mauvais vouloir ou l'égoïsme des riverains.

(1) Art. 30-1° et 4° et art. 38. Règlement de Heidelberg,

Ce caractère se retrouve dans toutes les prétentions élevées à ce sujet. On voit les mêmes gouvernements prétendre à un droit de contrôle sur un fleuve dont ils ne sont pas riverains, alors qu'ils refusent d'admettre la réciproque. C'est ainsi que l'Angleterre contesta aux États-Unis, puissance riveraine, le droit d'exploiter le St-Laurent, alors qu'elle-même réclamait la libre navigation du Mississipi. L'Autriche, en 1849, faisait adopter le régime de liberté pour la navigation du Pô alors que, quelques années plus tard, elle refusait aux puissances signataires du traité de Paris le droit de contrôler le règlement de navigation de 1857, élaboré par les puissances riveraines. Même conduite de la Prusse, de la Turquie, de la France (1).

Cette intervention étrangère se justifie pourtant pleinement (2). « On peut et on doit en effet considérer les règles de navigation fluviale, telles qu'elles sont contenues dans l'article 5 du Traité de Paris de 1814 et dans les articles 108 à 116 du Traité de Vienne, comme de véritables obligations contractuelles. Ce caractère existe non seulement à l'égard des puissances signataires, mais aussi à l'égard de celles qui ont adhéré par la suite. Par conséquent, on doit admettre que toutes les Puissances européennes, y compris la Turquie depuis 1856 (3), sont tenues à l'exacte observation de ces dis-

(1) V. Engelhardt, *Régime conv.*, p. 200 et suiv.

(2) Cf. Carathéodory, *Cours d'eau*, p. 109 et 110.

(3) Le Congrès de Vienne réunissait les représentants de toutes les cours d'Europe, sauf la Turquie qui ne faisait pas partie du concert européen.

positions. » De même on doit admettre que ces dispositions ne peuvent être modifiées qu'avec leur consentement, même si quelques-unes ne sont pas directement intéressées à la modification, parce que c'est le droit commun des contrats qu'ils ne peuvent être modifiés qu'avec le consentement de tous les contractants et parce que les puissances signataires se portant garantes de l'exécution du contrat, elles doivent avoir connaissance de la manière dont il est exécuté et pouvoir s'opposer à toute application non conforme aux principes, sinon leur garantie cesserait d'exister.

En fait, le droit de contrôle a été souvent pratiqué et reconnu. Les cinq Puissances représentées au Congrès de Vérone, en 1822, reconnurent en effet qu'elles étaient « autorisées à concourir à l'exécution des dispositions de l'acte du Congrès de Vienne concernant la navigation du Rhin ». Or, parmi ces cinq puissances, trois n'étaient pas riveraines : la Russie, l'Autriche et l'Angleterre. Bien mieux, Lord Clancarty avait songé à proposer, au Congrès de Vienne, la reconnaissance expresse de ce droit de contrôle ; il eut le tort de s'en tenir à une simple velléité (1). Le même fait se produisit en 1855, lors des délibérations concernant le Danube.

Pour ce dernier fleuve cependant, le traité de Paris, article 17, consacre explicitement le recours aux Puissances étrangères : « Lorsque la commission riveraine

(1) Cf. Engelhardt, *loc. cit.*, p. 206, note 1.

du Danube aura terminé sa tâche, y est-il dit, les Puissances signataires, informées de ce fait, en prendront acte en conférence. » Cette disposition donna pourtant lieu à des résistances de la part de l'Autriche et de la Turquie (1). Ces deux puissances se refusaient à ce que les autres signataires contrôlassent l'acte qu'elles avaient élaboré et leur reconnaissaient uniquement le droit d'en constater l'existence. Elles durent se rendre cependant aux arguments irréfutables de leurs contradicteurs et admettre leur contrôle ; celui-ci d'ailleurs ne fut pas inutile, car le règlement de 1857 étant en partie contraire aux principes posés en 1856, ne reçut pas la ratification des Puissances non-riveraines et ne fut pas mis à exécution (2).

En présence de ces prétentions et de ces faits contraires à tous les principes du droit contractuel, et pour mettre fin à toute divergence ou incertitude sur l'interprétation du droit public relatif aux fleuves internationaux, il conviendrait de fixer conventionnellement l'interprétation des règles fondamentales. La convention fixerait, entre autres choses, la reconnaissance d'un droit de contrôle réciproque.

Pour les traités à venir, un pareil résultat pourrait être obtenu en y insérant une clause exigeant l'acceptation de tous règlements ou modifications par les Puissances signataires. C'est d'ailleurs ce qu'a fait l'acte de

(1) Cf. Carathéodory, *Cours d'eau*, p. 129 et suiv.
(2) Cf. Carathéodory, *Stromgebietsrecht*, p. 349.

Berlin, en 1885 (art. 17 et 19), en décidant que toutes « les Puissances signataires de cet acte, ainsi que celles qui y adhèreront postérieurement, pourront se faire représenter dans la commission internationale » et que « les règlements et tarifs élaborés par cette commission seront soumis à l'approbation des Puissances y représentées ».

§ 6. — La neutralité appliquée à la navigation des fleuves internationaux.

Le bénéfice de la liberté de navigation établi par les nombreux actes que nous avons analysés jusqu'ici, va-t-il disparaître par le fait d'une guerre à laquelle un riverain prendrait part? En un mot quel est l'effet de l'état de guerre sur la navigation des fleuves internationaux?

En l'absence de toute disposition conventionnelle, on doit décider que, conformément aux principes généraux du droit de la guerre, l'envahisseur pourra s'emparer des bâtiments de mer ennemis naviguant sur la section fluviale dépendant du territoire envahi et de leur cargaison; qu'il pourra exercer le droit de visite sur tous les bâtiments neutres et saisir la contrebande de guerre; qu'il pourra bloquer la section du fleuve appartenant à l'ennemi. De plus, il lui sera loisible de s'emparer ou de détruire les établissements et travaux fluviaux qui sont propriétés de l'État ennemi. En un mot, il dépendra de l'envahisseur de détruire la navigabilité et la navigation (1).

Si ces conséquences étaient admises, on voit tout de suite les résultats qu'elles entraîneraient pour les neutres co-riverains. La section inférieure d'un fleuve étant détruite, les neutres situés en amont se verraient privés de leur issue naturelle vers la mer, leur commerce entier serait suspendu. Etait-il possible que le principe de la liberté de la navigation n'entraînât pas la suppression de semblables conséquences? C'est ce que les négociateurs de la Convention rhénane de 1804 avaient pensé et ce qui fut proposé au Congrès de Vienne (2) sans succès d'ailleurs.

Mais d'abord, par quel moyen les éviter? Le premier qui se présente à l'esprit et le plus radical est évidemment la neutralisation complète et perpétuelle des cours d'eau internationaux. Il en résulterait que tout acte d'hostilité serait proscrit sur le fleuve ; qu'il formerait une barrière infranchissable entre les deux riverains, situés de chaque côté, ou entre les deux parties du même État qu'il traverserait. De telles conséquences permettraient-elles d'atteindre le but cherché? Outre que les belligérants respecteraient difficilement cette limitation de leur liberté d'action, les rives d'un fleuve ne sont

(1) Remarquons toutefois qu'il n'en sera ainsi qu'au cas où l'envahisseur peut atteindre la section fluviale ennemie sans passer par celle d'un neutre. Sinon il y aurait violation d'un territoire neutre.

(2) Cf. Engelhardt, *Régime conv.*, p. 174 et *Revue de droit international*, 1881, p. 188-190.

généralement pas écartées au delà de la portée du canon ; par conséquent les hostilités se poursuivraient au-dessus du fleuve et sur ses rives, au préjudice encore de la navigation ; à moins de neutraliser également les États riverains, ou au moins leurs rives sur une certaine étendue. Ce serait alors la suppression des guerres continentales (1). Un tel moyen dépasserait donc le but cherché, il faut le mettre à l'écart. C'est le sort qu'il subit lorsque le gouvernement autrichien en proposa, en 1855, l'application à l'embouchure de Soulina.

Il ne reste alors qu'une seule ressource « suffisante pour répondre aux exigences légitimes du commerce international », celle d'inscrire dans les conventions « la neutralité de la navigation et celle des fonctionnaires et établissements employés à son service ». Les principes généraux du droit de la guerre, notamment ceux concernant le blocus et le respect des territoires neutres, concourraient à assurer une liberté suffisante à la navigation fluviale.

La neutralité de la navigation permettrait la continuation du régime de paix pour les navires neutres seulement, c'est-à-dire qu'ils pourraient continuer à user de la voie fluviale sans être inquiétés, sauf le droit de visite et la répression de la contrebande de guerre, et que le

(1) Cf. Engelhardt, *Du principe de neutralité dans son application aux fleuves internationaux et aux canaux maritimes. Revue de droit international*, 1886, XVIII, p. 563.

fleuve ne pourrait leur être fermé. La neutralité des fonctionnaires et des établissements entraînerait, pour les premiers, le respect des personnes et la continuation des services administratifs ; pour les seconds, le respect des travaux et autres ouvrages, ainsi soustraits au sort de la propriété publique en temps de guerre. Le respect dû au territoire des neutres empêche que les bâtiments de guerre traversent une section de fleuve dépendant d'un État non belligérant. Enfin les règles du blocus interdisent de l'établir à l'embouchure d'un fleuve international, car on ne peut bloquer que des lieux appartenant à l'ennemi. Or le fleuve ne dépend pas uniquement du belligérant. Pour que le blocus fût légitime, il faudrait supposer que tous les riverains fussent engagés dans la guerre. Cependant les ports de l'État belligérant, dont dépendent les embouchures, pourront être individuellement bloqués, car alors le fleuve lui-même ne le sera pas et le bloquant n'aura pas besoin pour cela de passer sur un territoire neutre, puisque nous supposons que le bloqué est situé à l'extrémité d'aval (1).

Cette solution a été adoptée par la plupart des actes de navigation (2) et par le règlement de Heildelberg

(1) Ch. Fauchille, *Le blocus maritime*, p. 172 et suiv. ; Engelhardt, *Du principe de neutralité*, *loc. cit.*, p. 161-162 ; Calvo, *Droit international*, 3e éd., IV, § 2601 et 2602.

(2) Citons à titre d'exemple les conventions du 23 mai 1840 entre l'Espagne et le Portugal pour le Douro ; le traité entre la Confédération Argentine, les États-Unis, l'Angleterre et la France du 10 juillet 1853 pour le Parana et l'Uruguay ; l'art. 21 du règlement de navigation du Danube du 2 novembre 1865 ; etc.

(art. 6 et 7) ; dans l'article 40, il ajoute que la propriété privée ennemie sera traitée sur les fleuves internationaux suivant les mêmes règles que dans la guerre continentale. Cette disposition n'est malheureusement encore que l'expression d'un vœu.

Nous disons la plupart des actes de navigation ont adopté cette solution, car, outre que quelques-uns, notamment la convention rhénane de 1868, ne s'en occupent pas, un autre, l'Acte de Berlin du 26 février 1885, a adopté pour le Congo et le Niger des dispositions beaucoup plus larges. Les articles 25 et 33 de l'Acte général de la Conférence africaine décident que le Congo et le Niger, leurs embranchements, leurs affluents, leurs embouchures et la mer territoriale faisant face à ces embouchures, resteront accessibles à tous navires, même ennemis, en cas d'hostilités locales ou non. « La neutralité la plus absolue couvrira en outre le personnel ainsi que les ouvrages et établissements dépendant du service de la navigation. » Le même régime s'applique encore aux routes, chemins de fer, lacs et canaux destinés à suppléer à l'innavigabilité des deux fleuves ou à leurs imperfections locales (1). Par conséquent tout bâtiment de commerce, même ennemi, continuera à jouir de la liberté de navigation et la marchandise ennemie, même sous pavillon ennemi, jouira des mêmes immunités que la marchandise neutre sous pavillon neutre.

(1) Cf. Pillet, *Les lois actuelles de la guerre*, p. 25, note 1.

Il n'est fait exception à ce bénéfice que pour ce qui concerne le transport des munitions de guerre et de la contrebande de guerre, déterminée suivant les règles générales du droit des gens.

Ces dispositions, animées d'un esprit très libéral, seraient inapplicables sur les grands fleuves d'Europe, ceux-ci doivent nécessairement être, au besoin, le théâtre d'hostilités. C'est ce qui n'a pas lieu sur les territoires africains ; la conférence de Berlin a tout fait pour éviter que la guerre y soit transportée. Le représentant des États-Unis avait même proposé la neutralité complète et perpétuelle de tout le bassin du Congo (1). Ce projet fut repoussé, mais il en resta l'article 10, d'après lequel les puissances signataires s'engagent à respecter la neutralité de fait des territoires compris dans le bassin du Congo, et l'article 11, qui met ces mêmes territoires à l'abri de l'extension de l'état de guerre, de la métropole à la colonie, c'est-à-dire que si la métropole devient belligérante, les autres puissances, signataires de l'acte de 1885, s'efforceront de placer la colonie ou le pays de protectorat sous le régime de la neutralité ; de telle sorte que les hostilités ne puissent être étendues au territoire ainsi neutralisé. Enfin il en resta l'article 12, qui engage les puissances contractantes à recourir à la médiation avant de se déclarer la guerre au sujet des territoires des bassins du Congo. Ce

(1) Protocole V, annexe, *Livre jaune*, 1885, p. 149.

sont là autant de dispositions qui, en écartant de grandes chances de trouble, apportent en même temps une garantie très sérieuse et très précieuse à la continuation du régime de liberté de la navigation.

CHAPITRE III

L'ÉVOLUTION DU DROIT FLUVIAL CONVENTIONNEL.

Deux faits ressortent clairement des chapitres qui précèdent. Le premier est une distinction entre les fleuves nationaux et les fleuves internationaux. Le second est le développement continu de l'idée de communauté dans son application aux fleuves internationaux.

Du premier disons seulement un mot pour y revenir ensuite. Tous les actes et toutes les déclarations qui se sont succédé, depuis 1792, n'ont eu en vue que la liberté des fleuves qui traversent ou séparent plusieurs territoires ; les autres rivières, dont le cours navigable est situé en entier dans un même État sont toujours négligées. La seule raison qu'on puisse donner de ce fait c'est que les fleuves dits nationaux, sont souvent considérés, encore aujourd'hui, comme partie intégrante du territoire national et soumis comme tels, non seulement au droit de souveraineté, mais aussi au droit de propriété de la nation (1) et, à ce titre, ils sont du domaine du droit administratif interne et non du droit international. De cette différence de réglementation

(1) V. en ce sens Pradier-Fodéré, n° 726.

vient une différence de régime. Tandis qu'on peut dire, aujourd'hui, que la navigation sur les fleuves internationaux est libre et ouverte à tous, on doit reconnaître que les fleuves dits nationaux sont, à cet égard, soumis au despotisme complet du riverain et que l'exclusivisme territorial est la seule règle qui leur soit appliquée. En sorte que le fleuve qui ne traverse qu'un seul État ne sert jamais à la navigation que d'un seul pavillon (1), et que l'État qui le possède se prive d'une source de richesse en frustrant le commerce international d'une voie sûre et rapide. Nous reviendrons plus tard sur ce sujet.

Le second fait qui résulte du développement du droit fluvial est la création d'une communauté, qui, embryonnaire à l'origine, s'est accrue avec chaque traité et est devenue une véritable communauté internationale.

La convention de 1804 et les actes qui lui ont succédé jusqu'en 1815, ont organisé une première communauté : la communauté des riverains. On se rappelle que déjà avant cette époque les traités de Ryswick et de Westphalie et la déclaration de 1792 avaient songé à établir aussi une sorte de communauté riveraine qui aurait uni dans un condominium fluvial tous les propriétaires riverains ; mais ils n'aboutirent pas, leur

(1) Cependant les États se reconnaissent quelquefois, par traité, la liberté réciproque de commerce et de navigation sur leurs fleuves nationaux. En dehors de ces cas, les bâtiments étrangers ne peuvent pénétrer dans un fleuve national qu'en vertu d'une autorisation spéciale et personnelle.

idée resta à l'état de projet. C'est seulement la convention de 1804 (1) qui en fit une réalité en lui donnant des organes. L'article 43 décide que l'organe de la communauté sera un directeur général, lequel surveillera l'application de la convention et sera chargé de l'administration du fleuve (le Rhin) qui est commun aux deux empires (art. 29).

Le Congrès de Vienne maintient cette communauté, mais, s'il ne la développa pas, il apporta du moins, comme le traité de 1814 l'avait déjà fait, une contribution à son développement futur en décidant que toutes les nations, même non-riveraines, seraient admises à la liberté de navigation. Jusque-là, en effet, elle n'était entendue qu'au profit des riverains seuls. L'extension que prévoyait le traité de 1815 devait porter ses fruits plus tard.

En effet, l'article 15 du traité de 1856, décide que l'application au Danube des principes du Congrès de Vienne est garantie par les puissances européennes et l'article 16 établit une commission européenne, organe de cette communauté, munie de pleins pouvoirs et de la puissance exécutive. On voit qu'ici la liberté est entendue d'une manière plus large encore en ce qu'elle s'applique, non plus seulement aux riverains, mais aussi aux non-riverains signataires du traité du 30 mars 1856; et la communauté s'accroît d'autant, surtout si l'on

(1) De Clercq, II, p. 91.

considère les suites du traité de Paris : la disparition de la commission riveraine et la prolongation indéfinie de la Commission européenne. La communauté fluviale se compose donc, depuis cette époque, des riverains et des non riverains signataires du traité.

Le progrès ne devait pas en rester là. L'acte de Berlin de 1885 apporte encore un nouveau développement de la communauté fluviale. Il n'organise pas, contrairement, il est vrai, aux principes, de commission riveraine (ce qui s'explique par ce fait que les rives du Congo ne sont pas, sauf exception, soumises à des puissances souveraines), mais une commission internationale, et cette commission se compose non seulement des représentants des puissances signataires de l'acte du 26 février, mais encore de celles qui y adhéreront postérieurement. La communauté se compose donc ici de toutes les puissances européennes et autres qui voudront en faire partie, puisque la seule condition à remplir est d'adhérer au traité. On conçoit tout de suite l'immense développement de l'institution. La communauté pourra comprendre un jour tous les États qui y ont quelque intérêt ; ce sera alors une véritable union internationale pour la réglementation d'un fleuve, acheminement vers une union plus générale pour la réglementation de tous les fleuves.

Tel est l'avenir du droit fluvial conventionnel. Cette présomption est soutenue encore par la tendance progressive à faire des cours d'eau communs, non plus des choses susceptibles de propriété, mais de véritables *res communes*. On a vu en effet que, sinon dans l'antiquité, du moins au moyen âge et jusqu'à la Révolution française, on regardait les cours d'eau navigables comme de véritables objets de propriété, le seigneur riverain étant maître de faire du fleuve l'usage qu'il lui plairait, au détriment de ses coriverains. Mais peu à peu les idées ont évolué ; de la distinction, longtemps omise, entre les droits de souveraineté et les droits de propriété, est née la lumière. On reconnaît généralement aujourd'hui que les fleuves ne sont pas susceptibles d'appropriation privée ; leur constante mobilité, leur défaut de limites précises s'opposent au droit de propriété (1). Cela est incontestable en ce qui concerne les individus, l'est-ce moins si l'on considère les États ?

On ne conteste pas que l'État ait sur les fleuves qui le traversent un droit de souveraineté absolue ; seulement, ce droit de souveraineté n'est autre chose qu'un droit de réglementation, de police et de juridiction ; car l'État n'a d'autre pouvoir sur les choses qui dépendent du domaine public et tous les auteurs y placent les fleuves et rivières navigables (2). Or le droit de réglementation, dans l'état actuel des relations internationales, n'est

(1) V. en ce sens Bluntschli, *Droit international codifié*, p. 28 et art. 314; Carathéodory, *op. cit.* ; Engelhardt, *op. cit.* ; Orban, *Le droit fluvial international* ; Carathéodory, *Stromgebietsrecht*, etc., etc. — *Contrà*: Heffter, *Droit international de l'Europe*, p. 155 ; Championnière, *De la propriété des eaux courantes* ; Pradier-Fodéré, t. II, etc., etc.

(2) Cf. Aubry et Rau, 4e éd., t. II, p. 34 ; Béquet, *Répertoire*, XI, 62.

pas le droit d'exclusion. Le respect mutuel des États et le commerce mutuel des nations s'opposent à ce qu'un riverain puisse fermer un fleuve international à ses co-riverains. Est-ce moins exact si l'on considère un fleuve national au lieu d'un fleuve international ? Nous ne le pensons pas. Le droit que possède le riverain unique sur un fleuve n'est pas davantage un droit d'exclusion ; le commerce mutuel des nations a dans ce cas les mêmes exigences ; il peut réclamer l'usage d'un moyen de communication que la Providence a mis à sa disposition et non à la discrétion du riverain. A ce point de vue, on peut considérer les fleuves nationaux, aussi bien que les fleuves internationaux, comme des dépendances d'un domaine public de la communauté internationale. Et ce domaine public n'est soumis à la propriété exclusive d'aucun État, mais au libre usage de tous les membres de la communauté, sous la seule réserve de la réglementation, conventionnelle ou non, des États intéressés.

Quelles sont les conséquences du développement de l'idée de communauté ? Le résultat évident est, comme on vient de le voir, l'agrandissement incessant de la communauté jusqu'à embrasser un nombre d'États considérable. Et alors, il faudra organiser cette communauté sur des bases solides ; elle devra imposer à chacun de ceux qui la composent des règles de conduite dont ils ne pourront se départir. C'est ce que les grandes unions internationales ont déjà fait. Les intérêts communs des États donnent lieu à des règlements communs que chacun s'engage à respecter dans ses rapports avec les autres (1), par exemple l'union postale universelle, l'union pour la protection de la propriété littéraire et artistique, l'union pour la protection de la propriété industrielle et des marques de fabrique, etc., etc. La communauté fluviale grandissant sans cesse arrivera aussi à ce développement et aboutira à une union pour la réglementation de la navigation fluviale. C'est d'ailleurs le but du projet de règlement voté par l'Institut de droit international dans sa session de Heidelberg, en 1887.

Outre que cette union éviterait bien des discussions et fixerait l'interprétation des règles contestées ou leurs applications douteuses, on arriverait ainsi naturellement, à étendre le régime de liberté à tous les fleuves, même nationaux. Et ce sera là le dernier progrès du droit international sur la matière, progrès qui d'ailleurs ne peut plus se faire attendre bien longtemps. Ces cours d'eau, comme les autres, sont destinés par la nature des choses au libre commerce du monde, pourquoi ne jouissent-ils pas de la même liberté que les mers dont ils sont la prolongation ?

La logique, le droit naturel, l'utilité publique et les tendances générales s'unissent pour réclamer cette

(1) V. Kazanski, *Les premiers éléments de l'organisation universelle*, *R. D. I.*, 1897, p. 238; Welzhofer, *Der europæische Vœlkerverein. Seine Entwickelung und Zukunft*. Berlin, 1898.

assimilation. De quel droit les hommes ont-ils frappé d'inutilité l'œuvre de la Providence? Par quelle aberration de l'esprit humain les voies fluviales, qui sont naturelles, sont-elles interdites au passage des étrangers, alors que les routes terrestres, artificielles et coûteuses, leur sont librement ouvertes? Enfin n'est-il pas évident que « le droit des États non-riverains de participer à la navigation des fleuves internationaux suppose la reconnaissance préalable du droit pour toutes les nations de naviguer partout, même sur les fleuves nationaux » (1). Car « comment pourrait-on contraindre les riverains du fleuve commun à l'ouvrir au commerce international, alors que le riverain unique serait en droit de s'y refuser » (2)?

Tous les auteurs (3) s'accordent pour réclamer cette extension qu'ils considèrent comme naturelle et nécessaire et, avec Holtzendorff, nous dirons que « le plus prochain développement du droit aboutira à la reconnaissance de la liberté fluviale pour toutes les nations, sur tous les cours d'eau navigables, sans distinguer s'ils traversent un seul ou plusieurs États; sous la seule réserve de la sécurité militaire en cas de guerre et des intérêts douaniers en temps de paix » (4).

(1) Holtzendorff, dans *Annuaire I. D. I.*, 1888, p. 167.

(2) Bluntschli, *Droit international codifié*, p. 29.

(3) Cf. en ce sens Engelhardt, *op. cit.*, p. 219; Carathéodory, *Cours d'eau*, p. 108 et *Stromgebietsrecht*, p. 308; Bluntschli, p. 29; Holtzendorff, *loc. cit.*; Kazanski, *Fleuves internationaux*.

(4) Holtzendorff, *Encyclopédie des sciences juridiques*, II, 283.

Une union ainsi comprise serait la victoire des principes sur le particularisme qu'entrevoyait Heffter et la consécration des vœux qu'exprimaient les princes de l'Europe en 1814, quand ils virent dans la liberté fluviale le moyen de rapprocher les peuples dans une fraternité favorable à la paix en facilitant les communications entre eux et en les rendant toujours moins étrangers les uns aux autres.

DEUXIÈME PARTIE

LE DANUBE.

Comment le régime de droit commun, exposé dans la première partie de cet ouvrage, a-t-il été appliqué au Danube? Quelles dérogations a-t-il subies, et sous l'influence de quelles causes? Quelle part lui revient dans le développement du droit fluvial international? Par quelles phases a-t-il passé avant d'arriver à l'état actuel? Quelles questions soulève-t-il encore, de quelles réclamations est-il aujourd'hui l'objet? Tel est le sujet qui va nous occuper désormais. Après un bref exposé historique, nous étudierons l'organisation actuelle du Danube et ses particularités.

TITRE PREMIER

HISTORIQUE

CHAPITRE PREMIER

PÉRIODE ANTÉRIEURE A 1856.

Le Danube, par l'importance et la direction de son cours, est, de tous les fleuves de notre continent, celui qui mérite le mieux le titre de « fleuve européen » (1). Si, par son étendue, il n'est pas le premier (2), il est du moins le seul qui suive une direction perpendiculaire au méridien, fournissant ainsi une route toute tracée de l'Occident vers l'Orient. C'est par là que s'explique le grand rôle qu'a joué dans l'histoire de l'Europe toute la vallée du Danube.

Lors de la puissance romaine, il forme la frontière septentrionale de l'empire ; son rôle est alors presque

(1) D'Avril, *La question du Danube, Revue du Monde latin*, 1884.

(2) Le Volga est le plus étendu. Son cours s'étend sur une longueur de 3340 kilomètres. Le Danube ne vient qu'après avec 2750 kilomètres.

uniquement économique (1) ; il sert de voie de communication entre les deux extrémités de l'État, et la navigation y était florissante. Mais si le Danube sert alors de frontière, il n'est pas du moins une barrière et les empereurs s'emparent d'une notable partie de la rive gauche depuis le confluent de la Drave jusqu'aux embouchures (2). Mais ils ne gardèrent pas longtemps cette position et, au IVe siècle de l'ère chrétienne, l'empire romain ne possède plus que la rive droite sur toute son étendue.

Avec les invasions barbares, le rôle du Danube change, il n'est plus une frontière, mais la route souvent fréquentée que suivent les envahisseurs et par où ils seront repoussés. C'est en remontant la vallée danubienne que les Huns et les Avares se répandent dans l'Occident ; c'est par la même voie que les Slaves, les Magyars et les Turcs s'établissent au cœur de l'Europe. Les Bavarois descendent son cours pour aller coloniser l'Autriche ; les croisés suivent le même chemin pour aller menacer Constantinople. Et ce n'est pas seulement à ces époques de la formation européenne que le Danube a servi de voie de communication pour les migrations et les conflits, c'est encore à des époques plus rapprochées de

(1) Déjà au temps de la civilisation grecque, le Danube avait, sous ce rapport, la plus haute importance. Les nombreuses colonies grecques du Pont-Euxin en sont un témoignage. Cf. *Das geographische Element im Welthandel mit besonderer Rücksicht auf die Donau*, 1843, p. 9 et s.

(2) On voit encore les fondements du pont construit par Trajan en face de Turnu-Severin en Roumanie, au débouché des Portes de Fer. Cf. *Livre jaune*, 1880, *Travaux de la conférence technique*, rapport de M. Lalanne.

nous. Ainsi, au XVIIIe siècle, l'Autriche utilise le Danube pour attaquer l'empire ottoman avec l'espoir de le rejeter plus au sud, ou même hors d'Europe, dans le but d'avoir accès à la mer Noire ; elle convoite les embouchures du fleuve et un établissement à Kustendje. Ce ne sont là, il est vrai, que des désirs ; mais, en 1718, ils semblèrent bien près de leur réalisation, quand les armées du prince Eugène eurent repoussé les Turcs et que le traité de Passarovitz eut donné à l'Autriche Peterwardein, Belgrade, tout le nord de la Serbie, l'ouest de la Valachie et le cours du Danube jusqu'à Nikopoli. Les Turcs reprirent ces territoires dès 1739 ; mais l'Autriche n'a pas encore abandonné toute idée de conquête sur les rives danubiennes ; seuls, les moyens qu'elle emploie pour y arriver ont changé, et nous verrons plus loin qu'aujourd'hui, la diplomatie joue le rôle dévolu autrefois aux armes (1).

Le Danube présente donc une importance politique considérable ; il en présente une plus considérable encore au point de vue économique. Alors que les routes étaient rares au centre de l'Europe, il constituait la seule voie de communication pour le trafic de l'empire germanique. Aujourd'hui même la direction de son cours facilite les échanges entre les productions diverses de l'Orient et de l'Occident. Par la grande étendue de son bassin, ses nombreux affluents navigables, les

(1) Cf. Lévy, *La Roumanie et la liberté du Danube*, p. V à XXVII.

races très diverses qui le peuplent, la fertilité du sol qu'il arrose, il est appelé à rendre les plus grands services. Les énormes quantités de céréales, produites par la Roumanie et la Hongrie, sont exportées par la voie fluviale soit vers l'Occident, soit vers l'Orient. Aux céréales, se joignent les nombreuses autres productions agricoles qui viennent fournir à la navigation un trafic non interrompu et considérable (1).

Telles sont les considérations tant historiques qu'économiques qui font du Danube un fleuve particulièrement important et dont le droit international ne pouvait se désintéresser. Malgré cela, peut-être même à cause de cela, puisqu'il était l'objet de tant de sollicitudes égoïstes, il fut le dernier fleuve international d'Europe, auquel le régime de libre navigation fut appliqué.

C'est en 1798, à Rastadt, que, pour la première fois, le nom du Danube apparut dans un congrès diplomatique. Il était question d'organiser la liberté de navigation du Rhin, et, à ce sujet, les plénipotentiaires français, sur les instructions du Directoire, déposèrent un projet exprimant le vœu que le même régime fut appliqué au Danube. Cette proposition sembla exorbitante aux représentants des autres puissances et fut par suite repoussée ; mais elle était conforme à la politique que suivait la République française depuis la déclaration du 17 novembre 1792 et répondait de tous points aux as-

(1) Les céréales tiennent le premier rang dans le commerce danubien ; les farines viennent ensuite et les bois, puis le vin, l'alcool, etc., etc.

pirations des populations germaniques. Pour elles, en effet, le Danube formait presque l'unique débouché et pourtant la navigation était encore grevée de droits énormes et de vexations incessantes. Il s'agissait donc d'un intérêt vital ; aussi les voyons-nous accueillir avec la plus grande joie la proposition libérale des représentants français ; plusieurs villes commerçantes leur envoyèrent des adresses et les invitèrent à leur continuer leur bienveillante protection, en les assurant de leur reconnaissance. Brême, Coblentz et bien d'autres demandent la suppression des droits de navigation. Enfin une pétition des habitants d'Ulm nous intéresse particulièrement. Elle invoque l'appui de la délégation française pour faire admettre au Congrès de Rastadt la suppression des droits existant sur le Danube en Bavière et en Autriche ; mais si un si beau résultat ne peut être atteint, que du moins l'Autriche ni la Bavière ne puissent lever d'impositions extraordinaires sur les marchandises, depuis Ulm jusqu'en Turquie (1).

Malgré les réclamations du commerce et l'appui de la France, ces desseins échouèrent. La navigation danubienne continua comme auparavant d'être la proie des riverains, surtout des riverains supérieurs : le Wurtemberg, la Bavière et l'Autriche. La Turquie occupait seule les deux rives du Danube depuis les Portes de Fer jusqu'aux embouchures. Or, sur cette moitié inférieure

(1) Engelhardt, *Nouvelle revue historique*, XIII, p. 84.

du fleuve, la navigation était en fait accessible à toutes les nations, grâce aux facilités qu'accordait à ce point de vue le gouvernement ottoman.

La Porte, dans tous les traités concernant le Danube, ménageait en effet une clause réservant le libre usage du fleuve. Déjà le traité de Passarowitz stipule dans son article 2, la liberté de la navigation entre l'Autriche et la Porte, et le traité du 24 février 1784 maintient la même liberté. L'article 4 du traité de Bucarest, de 1812, en donnant à la Russie la Bessarabie, rendit cet État riverain du Danube depuis le confluent du Pruth jusqu'à l'embouchure, sur toute la rive gauche de la branche de Kilia, mais il maintenait en même temps la liberté de navigation des deux riverains et accordait même à la Russie le droit de faire remonter ses navires de guerre jusqu'au confluent du Pruth.

On ne peut donc accuser la Turquie d'avoir abusé de sa situation prépondérante sur le cours inférieur du Danube, puisque, de son côté, elle a tout fait pour y faciliter le commerce et la navigation (1).

Sur qui pèse alors la responsabilité d'avoir retardé, jusqu'en 1856, le développement des principes du Congrès de Vienne ? Nous le rechercherons après avoir constaté que, s'il fut question du Danube dans les déli-

(1) Cf. Carathéodory, *Cours d'eau*, p. 125; Geffcken, *La question du Danube*, p. 6; Holtzendorff, *Droits riverains de la Roumanie sur le Danube*, p. 3-16; Catellani, *La navigazione fluviale e la questione del Danubio*, p. 51-57.

bérations du Congrès, l'Acte final de Vienne n'y apporte aucune modification.

Conformément à l'article 5 du traité de Paris de 1814 qui prévoyait l'extension de la liberté rhénane aux autres fleuves internationaux, la « Commission relative à la libre navigation des rivières », nommée par le Congrès de Vienne, se mit en mesure de répondre à ce desideratum. Le projet du plénipotentiaire français, duc de Dalberg, adopté comme base des délibérations, étendait aux autres fleuves internationaux le principe de liberté et l'organisation commune qui allaient être adoptés pour le Rhin (1). Le Danube y était nommément désigné. Il ne s'agissait là, bien entendu, que d'une question de principe ; les détails d'application et d'organisation seraient fixés ultérieurement par des commissions spéciales. Le grand avantage des dispositions du projet était de rendre obligatoire la nomination de ces commissions et de déterminer par avance les points principaux qu'elles devraient établir et qui, par conséquent, leur étaient imposés.

Le projet du baron de Humboldt, délégué de la Prusse, bien qu'il ne servit pas de base aux délibérations, exerça une certaine influence. Il contenait, à défaut de dispositions précises, un exposé de principes, dans lequel il reconnaissait que l'article 5 du traité de Paris devait former le fond du travail de la commission et que, par

(1) Articles 17, 18, 19 du projet du duc de Dalberg; Klüber, *Acten des Wiener Congresses*, III, p. 17 et 18.

conséquent, il convenait « d'examiner comment on pourra effectuer que les mêmes principes (ceux qu'on doit appliquer au Rhin) soient appliqués en temps et lieu et autant que les circonstances le permettent dans un objet aussi vaste, aussi à d'autres rivières et successivement à toutes celles qui peuvent intéresser le commerce dans quelque partie de l'Europe que ce soit (1) ». Le moyen qu'entrevoyait le délégué prussien pour obtenir ce résultat, c'était « d'inviter les puissances qui signeront l'Acte final du Congrès à s'entendre entre elles dans le but d'organiser la liberté de la navigation des rivières de leurs États qui leur sont communes avec d'autres », sur la base des principes qui seront établis.

Dans ce projet, l'obligation n'existait plus. Les Puissances se conformeraient ou non à l'invitation qui leur serait faite, et, au cas où elles y accéderaient, on leur laissait une grande latitude; l'uniformité à laquelle on aspirait courait bien des risques.

Néanmoins, la commission adopta une rédaction se rapprochant bien plus du projet français que de l'autre (2). Elle fut insérée dans l'Acte final du Congrès de Vienne, sous les articles 108 à 117. Pourtant il était fait une grave modification au projet primitif : aucun fleuve n'était nommément désigné; seuls le Rhin et ses affluents

(1) Mémoire préparatoire du baron de Humboldt ; Klüber, *loc. cit.*, p. 25.

(2) Protocole de la séance du 24 mars 1815, annexe 1 ; Klüber, *loc. cit.*, p. 251 et suiv.

faisaient l'objet de dispositions spéciales (1). Encore durent-ils attendre longtemps que l'application du régime de liberté leur fut faite. A plus forte raison les autres virent-ils passer les années sans modification.

Le Danube ne subit donc aucune transformation du fait du Congrès de Vienne. Il va en supporter d'autres en sens contraire de la liberté. En 1815, il coulait uniquement en Turquie, des Portes de Fer au confluent du Pruth, point à partir duquel sa rive gauche et celle de la branche de Kilia appartenaient à la Russie, depuis le traité de Bucarest. Cette situation, dans laquelle la Russie était tenue en respect par la Turquie, prit fin par le traité d'Andrinople, signé entre la Russie et la Porte, le 2 septembre 1829. En vertu de l'article 3 de ce traité, la Russie acquiert la branche de Kilia tout entière, la branche de Soulina et la rive gauche de la branche de St-Georges (2). Les îles formant le delta du Danube lui sont dévolues en toute propriété, mais il ne peut y être formé d'établissement d'aucune espèce, à l'exception des lazarets; de même, la rive droite de l'embouchure de St-Georges, qui appartient à la Turquie, devra rester inhabitée à la distance de deux heures. Malgré cette main-mise de la Russie sur les bouches du Danube, la liberté de navigation était maintenue

(1) Annexe II, nos 2 et 3, du traité de Vienne; Klüber, *loc. cit.*, p. 416 et suiv.

(2) Le Danube se jette dans la mer Noire par trois branches principales qui sont, en commençant par le Nord, la branche de Kilia, la branche de Soulina et la branche de St-Georges.

pour les pavillons russe et ottoman, tant deguerre que de commerce, sauf la limite supérieure du confluent du Pruth pour les navires de guerre russes (1). Il semblait donc que le régime du Danube inférieur n'avait pas changé. En droit, c'était exact: la liberté existait, après comme avant le traité d'Andrinople; mais en fait, il devait en être tout autrement.

La clause finale de l'article 3 ne fut pas respectée par le gouvernement russe. Maître des trois embouchures du fleuve, il s'ingénia à ruiner le commerce et la navigation, dans le but non avoué d'en recueillir les épaves. Usant de la faculté que le traité de 1829 lui accordait, il établit, à l'entrée du Danube, des quarantaines rigoureuses auxquelles il soumettait tous les bâtiments et toutes les marchandises, même provenant de contrées non contaminées, souvent même il leur imposait d'aller subir la désinfection à Odessa. Du fait de ces quarantaines et de ces voyages forcés, la navigation subissait des retards s'élevant jusqu'à deux mois et des augmentations de frais atteignant près de 3.000 fr. (2). Sous l'empire de ces menaces, la navigation abandonna peu à peu le Danube, d'autant plus que ces risques n'étaient pas les seuls. Par sa négligence à entretenir les embouchures en état de navigabilité, celles-ci s'ensablèrent si bien que la hauteur d'eau fut réduite à un

(1) Art. 3 du traité d'Andrinople, Martens, *N. R. G.*, VIII, 144.

(2) Cf. Geffcken, *La question du Danube*, p. 7 ; Engelhardt, *Les embouchures du Danube*. *Revue des Deux-Mondes*, 1er juillet 1870.

tiers de ce qu'elle était avant. Le chenal n'était plus entretenu, une barre s'était formée à l'entrée, des bancs de sable rendaient la navigation périlleuse ; les bâtiments échoués encombraient le passage, au point que tout capitaine soucieux de son navire, hésitait à l'engager dans ce chemin semé d'écueils.

La situation devint telle que l'Autriche s'en émut (1) ; elle craignit de voir son commerce fluvial interrompu, sa communication avec la mer Noire suspendue, et c'est pour éviter ce résultat qu'elle négocia avec la Russie le traité du 13/25 juillet 1840. Ce traité avait en vue l'application au Danube des principes du Congrès de Vienne. Ses trois premiers articles établissaient la liberté réciproque de navigation et de commerce et la suppression de toute redevance et de tout péage basés sur le seul fait de la navigation ; les prescriptions sanitaires sont rendues moins sévères. Le gouvernement russe s'engage, par l'article 5, à faire les travaux nécessaires pour arrêter l'ensablement de l'embouchure de Soulina et, par l'article 6, à y établir un phare. Il ne pourra être perçu de droits que pour ces travaux et seulement à partir du moment où ils seront commencés ; ces droits sont fixes. Le traité devait avoir une durée de 10 ans.

(1) L'Autriche en était d'autant plus inquiète qu'elle détenait alors la plus grande partie du commerce fluvial. Elle avait fondé, en 1830, une Société impériale et royale privilégiée qui prospérait de plus en plus et menaça même un moment d'engloutir tous ses concurrents, si bien qu'en 1883, sur les réclamations des autres riverains, tous privilèges lui furent retirés.

M. de Martens voit dans ce traité une preuve que « l'opinion qui prêtait à la Russie l'intention d'entraver la navigation libre du Danube, pendant tout le temps de sa possession des bouches du fleuve, était évidemment fausse » et pense qu'il est suffisant pour « convaincre que les mesures internationales, prises au sujet de ce même fleuve, en 1856, ne sont que le développement naturel d'une politique suivie de tout temps par la Russie (1) ». Nous nous permettrons de ne pas partager l'avis du savant professeur. Si la politique avait toujours suivi cette voie, le traité de 1840 eût été complètement inutile. Nous avons dit, en effet, que, jusqu'à la main-mise de la Russie sur les trois embouchures danubiennes, la navigation fluviale avait toujours été respectée par le Gouvernement ottoman qui se chargeait même des travaux d'entretien. C'est seulement à partir du traité d'Andrinople que des réclamations sont soulevées par l'Autriche et que la branche de Soulina devient innavigable, par suite de l'incurie du gouvernement russe. De plus, si le développement naturel de la politique russe avait toujours été en faveur de la libre navigation, on ne comprendrait pas que le traité de 1840 soit resté lettre morte ; après comme avant, les prescriptions sanitaires ne sont en réalité que des moyens de décourager la navigation et les travaux de dragage et de défense n'ont jamais été entrepris.

(1) de Martens, *Recueil des traités conclus par la Russie*, IV, 1re partie, p. 486 et suiv.

C'est même dans ce défaut d'exécution du traité, entraînant l'impossibilité du commerce fluvial, qu'il faut voir la cause de l'empressement avec lequel l'Autriche fit de l'application du traité de Vienne au Danube, une condition de la paix qui devait mettre fin à la guerre d'Orient, le 30 mars 1856.

CHAPITRE II

PÉRIODE POSTÉRIEURE A 1856.

De tous les faits qui précèdent, et notamment depuis 1812, il résulte que, jusqu'en 1856, la Russie seule s'est opposée à la liberté de la navigation du Danube, tandis que l'Autriche la réclamait avec insistance. Cette dernière Puissance va donc saisir avec empressement l'occasion que lui offre la guerre d'Orient et il lui sera d'autant plus facile de faire accepter ses idées qu'elle jouera pendant tout le cours de la guerre, le rôle de médiateur entre les belligérants et de pacificateur.

Dès le premier jour de la guerre et déjà même avant qu'elle ne fût déclarée, l'Autriche s'employa à maintenir la paix (1). Quand elle eut perdu tout espoir de réussite, elle ne s'occupa plus que d'en restreindre la durée. Aussi la voyons-nous, dès le mois de juillet 1853, négocier avec les puissances intéressées et les engager au maintien de la paix. Et, lorsque la guerre eût éclaté, elle engagea, au premier jour, des pourparlers avec la France et l'Angleterre, dans le but de fixer les bases de la paix future.

Dès le 8 août 1854, les trois cours étaient d'accord

(1) Cf. Debidour, *Histoire diplomatique*, II, p. 100-101.

sur le fond des questions que le traité de paix devait régler (1), ce sont les quatre points de Vienne. L'un d'eux exigeait l'application au Danube des principes de l'acte de 1815 et la suppression de toute entrave aux embouchures du fleuve. Le gouvernement russe accepta les quatre points de Vienne le 28 novembre 1854, tandis que, dans un memorandum du 28 décembre suivant, les cours d'Autriche, de France et de Grande-Bretagne lui expliquaient leurs intentions. En ce qui concerne le fleuve, elles annonçaient leur projet de soustraire le cours du Bas-Danube à la juridiction territoriale existant en vertu de l'article 3 du traité d'Andrinople et de confier le contrôle de la libre navigation à une autorité syndicale investie de certains pouvoirs (2).

Il ne restait donc plus maintenant qu'à rétablir effectivement la paix. Dans ce but une Conférence se réunit à Vienne, du 15 mars au 4 juin 1855. La France, l'Autriche, l'Angleterre, la Russie et la Turquie y étaient représentées. Il s'agissait de se mettre d'accord sur l'exécution des quatre points de Vienne, de régler les détails et de consacrer l'entente. La discussion sur le régime danubien commença dans la séance du 21 mars; le prince Gortchakow déclara d'abord que la Russie avait toujours reconnu la liberté de navigation, mais que la nature opposait, soit aux embouchures, soit

(1) Notes échangées entre les ambassadeurs d'Angleterre et de France à Vienne et le comte de Buol, le 8 avril 1854, de Testa, *Traités de la Porte ottomane*, IV, p. 152, 2e partie.

(2) Cf. Geffcken, *loc. cit.*, p. 8-9 ; de Testa, *loc. cit.*, p. 175.

dans le cours du fleuve, des obstacles à son libre exercice et protesta en outre des bonnes intentions de son gouvernement pour l'avenir. Le délégué autrichien répondit qu'il ne contestait pas la pureté des intentions du gouvernement russe, mais il fit remarquer qu'en fait, les résultats obtenus jusqu'alors avaient été en désaccord complet avec ces bonnes dispositions.

Le projet portait, outre l'extension au Danube des principes de 1815, la réorganisation des quarantaines qui devront être limitées au strict nécessaire ; l'exécution de travaux d'amélioration sur le Bas-Danube, avec faculté de lever, dans ce but, des taxes sur les navires marchands, à la condition que, sous ce rapport, l'égalité des pavillons serait respectée. L'exécution et le contrôle de ces stipulations seraient confiés à des délégués des Puissances contractantes réunies en un syndicat européen qui aurait pour mission de désigner les travaux à entreprendre et d'établir les bases de la police fluviale. L'autorité exécutive serait formée des délégués des États riverains ; cette commission serait permanente, exécuterait des travaux et édicterait les règles de police ; agirait au nom de l'Europe. Enfin la Russie était invitée à supprimer les quarantaines sur la Soulina, à ne conserver ni ériger aucun établissement militaire et à considérer les îles du Delta comme neutres.

Tel était le projet. Le prince Gortchakow demanda des explications sur le mot « syndicat » et déclara que, si ce terme impliquait l'exercice d'un droit de souveraineté quelconque, il devait s'y opposer. A propos de la commission exécutive formée des délégués riverains, l'Angleterre demanda à être représentée, ce à quoi l'Autriche opposa les articles 108 à 117 de l'Acte de Vienne. En ce qui concerne la neutralisation des îles du Delta, les plénipotentiaires russes s'y opposèrent complètement, en refusant d'y voir autre chose qu'une expropriation indirecte.

Dans la séance suivante, on se mit d'accord sur une rédaction définitive, on substitua au mot « syndicat » le terme de « commission européenne ». Après quelques discussions, notamment en ce qui concerne le contrôle des États non riverains et les modifications territoriales à apporter au traité d'Andrinople, l'accord fut établi.

Les questions soulevées par le Danube et qui devaient faire l'objet des négociations du traité de paix, se rapportaient aux points suivants : application des articles 108 à 117 de l'Acte de Vienne au Danube, du point où il devient commun à l'Autriche et à l'empire ottoman jusqu'à la mer (remarquons en passant, que, contrairement à l'Acte de Vienne, la partie supérieure du fleuve était soustraite à la communauté) ; suppression de tous droits de péage et de toute redevance ; exécution des travaux nécessaires à la navigabilité du Bas-Danube et taxes de remboursement ; garantie et contrôle des Puissances contractantes ; création d'une commission européenne chargée de désigner les travaux à faire, d'élaborer les bases d'un règlement de navigation et de police fluviale et de donner des instructions à la commission riveraine ; création d'une commission riveraine composée des délégués de l'Autriche, de la Russie et de la Turquie, autorité exécutive permanente. agissant au nom de l'Europe ; enfin suppression des quarantaines russes sur la Soulina et diminution des établissements militaires (1).

Les conférences de Vienne aboutirent seulement à ce résultat de mettre les cinq Puissances d'accord sur les bases de la paix, mais non de faire la paix elle-même (2). La Conférence fut donc dissoute et c'est le 1er février 1856 seulement qu'un projet de préliminaires fut signé entre la France, l'Autriche, l'Angleterre, la Russie et la Turquie, projet qui devint définitif dans la première séance des conférences de Paris, le 25 février 1856.

Ce projet ne reproduisait pas les dispositions contenues dans le protocole de Vienne, il était beaucoup moins explicite. Cependant, lorsque la discussion commença dans la séance du 6 mars 1856, le comte Walewski proposa de tenir compte des travaux de la Con-

(1) Cf. Geffcken, *loc. cit.*, p. 8-9 ; de Testa, *loc. cit.*, p. 212-218.

(2) On sait avec combien de difficultés le gouvernement russe accepta les bases de négociation arrêtées entre la France, l'Angleterre, l'Autriche et la Prusse. La neutralisation de la Mer Noire lui semblait particulièrement pénible et il n'y consentait qu'avec l'espoir de modifications futures.

férence de Vienne et donna lecture, sauf quelques modifications, du protocole du 23 mars 1855. La plus notable des modifications introduites fut l'extension au Danube tout entier du régime de communauté. Le représentant autrichien protesta contre cette extension, attendu que le Haut-Danube « n'a jamais soulevé aucun conflit entre les intéressés et qu'il n'y aurait nulle raison de donner à l'autorité de la commission une extension que rien ne justifierait (1) ». L'Autriche voulait donc faire admettre une division du Danube en deux tronçons, se réservant la partie supérieure et admettant la participation de l'Europe seulement sur le cours inférieur, dans le but d'en assurer la liberté contre la Russie (2).

Cette théorie ne prévalut pas et le fleuve tout entier fut soumis au régime de la liberté commune de navigation et de commerce. Les articles 15 à 19 du traité définitif, adoptés dans la séance du 27 mars, contenaient dans les grandes lignes les dispositions arrêtées par la Conférence de Vienne en 1855. Par l'article 20, la Russie cessait d'être riveraine du Danube.

Le traité définitif fut signé à Paris, le 30 mars 1856. Analysons rapidement le régime auquel il soumit le

(1) Protocole n° 5, *Livre jaune* de 1856.

(2) Cf. Engelhardt, *La question du Danube*, *Revue critique de législation et de jurisprudence*, 1881, p. 49-50 ; Geffcken, *loc. cit.*, p. 10-11. L'Autriche redoutait surtout l'ingérence russe sur le Bas-Danube, aussi fit-elle tous ses efforts pour amener une rectification de frontières en Bessarabie. Cf. Debidour, *loc. cit.*, p. 144.

Danube. Par l'article 20, la Russie, avons-nous dit, cesse d'être riveraine du Danube ; elle abandonne la Bessarabie, que lui avait donnée le traité d'Andrinople, et la restitue à la principauté de Moldavie, sous la suzeraineté de la Porte ; les trois bouches du Danube sont donc tout entières en territoire ottoman ainsi que le cours principal. Cette cession est présentée comme un échange de la Bessarabie contre les places fortes occupées militairement, en Crimée, par les Puissances coalisées.

Le Danube, dans tout son cours, est soumis au régime de libre navigation, malgré l'opposition de l'Autriche. Les principes établis à Vienne, lui sont appliqués ; par conséquent il ne peut être établi aucune entrave à la navigation, ni être perçu aucun péage fondé sur le seul fait de la navigation, toutes les nations seront traitées sur le pied de la plus parfaite égalité (art. 15 et 16 *in fine*).

Il est institué une Commission européenne, composée des délégués de toutes les Puissances représentées au Congrès de Paris (art. 16). Elle a pour mission de désigner et de faire exécuter les travaux nécessaires, depuis Isatcha, pour dégager les embouchures du Danube. Pour couvrir les frais de ces travaux des droits fixes pourront être prélevés. Elle devra avoir terminé son œuvre dans l'espace de deux ans (art. 18).

A côté de cette commission, il en est organisé une autre, dite riveraine, composée des délégués des États riverains. Elle est permanente et a pour mission de préparer les règlements de police et de navigation, d'assurer l'exécution des principes de 1815, d'ordonner et faire exécuter les travaux; enfin, elle succédera aux pouvoirs de la Commission européenne qui sera dissoute d'un commun accord après deux ans (art. 17 et 18). La tâche dont est chargée la commission riveraine devra également être accomplie en l'espace de deux ans.

Notons en passant que l'institution d'une Commission européenne constitue le premier exemple d'une application extensive des principes de 1815. D'après eux, en effet, il ne s'agissait que d'une commission riveraine. Le Gouvernement autrichien argua, d'ailleurs, de ce motif pour faire restreindre la compétence de la Commission européenne au Bas-Danube (1).

Sur ces bases, les commissions se mirent à l'œuvre. Occupons-nous ici seulement de la commission riveraine, nous retrouverons l'autre plus tard.

La commission riveraine se réunit donc à Vienne, en 1857 ; elle se composait, comme il a été dit, des délégués du Wurtemberg, de la Bavière, de l'Autriche et de la Turquie (2), et se mit en devoir d'exécuter l'article 17 du traité de Paris en élaborant un règlement de police et de navigation. Le 7 novembre 1857, l'Acte de

(1) Protocole, n° 8. Séance du 12 mars 1856. Cf. Geffcken, *loc. cit.*, p. 13.

(2) A ces plénipotentiaires s'étaient joints, en vertu de l'article 17 du traité de 1856, les commissaires des trois principautés danubiennes, dont la nomination avait été approuvée par la Porte.

navigation du Danube était achevé ; sa confection n'avait donné lieu à aucune résistance ; l'égoïsme des riverains n'était balancé par aucune influence et, parmi eux, l'Autriche, comme la plus forte, se réservait la part du lion (1).

Le règlement du 7 novembre fut donc élaboré sous sa direction. Il établissait, entre autres principes, la réserve du cabotage fluvial aux riverains ; la navigation du Danube n'était permise aux bâtiments étrangers que s'ils venaient directement de la mer ou s'y rendaient. De plus ces navires étaient soumis à la législation douanière de chaque État riverain dont ils fréquentaient les eaux (2). Par contre, le cabotage fluvial était accordé à chaque riverain, non seulement sur sa section, mais encore sur celle de ses co-riverains, sur le pied d'égalité (3). L'Autriche avait eu en vue de conserver à sa Compagnie privilégiée le quasi-monopole de la navigation.

Il restait maintenant, conformément à l'article 18 du traité de Paris, à faire accepter le règlement par les Puissances. L'occasion se présenta en 1858, à la conférence qui se réunit le 22 mai, pour régler l'organisation des principautés de Moldavie et de Valachie. Dans la séance du 9 août, le plénipotentiaire de France engagea les plénipotentiaires d'Autriche et de Turquie à déposer

(1) Cf. Engelhardt, *Revue critique*, 1881, p. 55 ; Levy, *La Roumanie et la liberté du Danube*, p. 20-24.
(2) Art. 5, 8, 22 du règlement du 7 novembre 1857.
(3) Art. 8-2° du règlement.

leur projet (1). La discussion en vint quelques jours plus tard, après que les intéressés en eurent pris connaissance. Il suscita, comme c'était à prévoir, de nombreuses objections. Les plénipotentiaires d'Angleterre et de France exposèrent les raisons qui les empêchaient d'accepter le règlement sans modification ; les représentants de Prusse, de Russie et de Sardaigne se joignirent à eux. Ils reprochaient au règlement de 1857 de contenir des dispositions contraires à l'Acte de Vienne et aux articles 15 et 16 du traité de Paris, notamment le fait « de défendre le commerce du fleuve à tous les pavillons, excepté ceux des États riverains », ce qui est encore contraire à l'article 5 du traité de Paris de 1814, base du traité de 1815. En outre, le règlement ne parle pas des affluents et il serait désirable que la liberté de navigation leur fût étendue.

A ces objections, le plénipotentiaire d'Autriche, baron de Hübner, répondit que l'acte de 1815 et le traité de 1856 étaient seuls obligatoires et qu'on ne pouvait déduire des dispositions de ces deux actes qu'ils aient eu pour but de donner la même situation aux riverains et aux non-riverains. Cette théorie, soutenable en faisant abstraction du traité de 1814, comme le faisait le baron de Hübner, n'était pas conforme aux principes. C'est ce que le comte Walewski fit remarquer en rappelant que, si des doutes s'étaient élevés dans l'inter-

(1) Protocole XIV. *Livre jaune,* Conférence de Paris, 1858.

prétation de l'acte de Vienne (1), il fallait se reporter aux principes énoncés dans le traité de 1814. Puis, les plénipotentiaires ayant invité le gouvernement autrichien à ne pas mettre le règlement en vigueur avant qu'il ait reçu leur approbation, le baron de Hübner prétendit qu'en vertu de l'article 18 du traité de Paris les puissances n'avaient qu'à prendre acte et non à contrôler. Cette théorie étrange fut vivement combattue, et n'obtint aucun succès (2). Finalement l'accord ne se fit pas, le règlement de 1857 ne fut pas ratifié et la commission riveraine ne continua pas à fonctionner.

La Commission européenne, au contraire, dont la durée était fixée à deux ans et dont l'Autriche désirait ardemment la dissolution (3), continua à exister ; sa tâche, en effet, était beaucoup trop lourde pour pouvoir être menée à bien en si peu de temps, et, malgré les résistances du gouvernement autrichien, la Conférence lui accorda un plus long délai (4).

Donc, après 1858, la situation a changé. La commission riveraine, qui devait être permanente et jouir du pouvoir exécutif, cesse de se réunir sans cependant être

(1) Nous avons rapporté les difficultés auxquelles avait donné lieu cette interprétation ; voir 1re partie, chapitre II passim.

(2) Protocole n° 18, séance du 16 août 1858. Cf. Geffcken, *loc. cit.*, p. 14 ; Carathéodory, *Cours d'eau*, p. 124 ; Holtzendorff, *Rumaniens Uferrechte an der Donau*, p. 30-31.

(3) Protocole n° XVIII, *Livre jaune*, 1858, p. 100. Cf. Carathéodory, *Stromgebietsrecht ; die Donau.*

(4) On ne fixa pas de délai à l'existence de la Commission européenne, il fut décidé seulement qu'elle durerait jusqu'à ce qu'elle eut achevé ses travaux.

dissoute et ne se réunira plus. Il ne reste alors que la Commission européenne qui continue seule ses travaux. Enfin, par suite du défaut de réglementation conventionnelle, l'Autriche et la Turquie conservaient leur droit de police, chacune sur sa section.

C'est seulement le 2 novembre 1865 (1) qu'un acte de navigation fut élaboré par la Commission européenne à Galatz et ratifié en 1866. Il ne s'occupait évidemment que de la navigation entre les embouchures et Isatcha, puisque l'autorité de la Commission ne s'étendait pas au delà. La Conférence de Paris qui ratifia le règlement s'occupa en même temps de la situation des commissions. Elle demanda que la commission riveraine se réunît et proposa la prorogation des pouvoirs de la Commission européenne pour une durée de cinq ans, avec l'extension de son autorité jusqu'à Braïla. Sur le premier point, le plénipotentiaire autrichien objecta la situation des principautés moldo-valaques qui rendaient cette réunion très difficile. Sur le second point, tous les gouvernements se trouvèrent d'accord le 24 avril pour prolonger de 5 ans les pouvoirs de la commission européenne, tandis que la Prusse et l'Autriche n'acceptaient, que sous réserve, l'extension de ses pouvoirs jusqu'à Braïla et que la Turquie s'y opposait formellement (2).

La situation est donc la suivante à partir de 1866 : le

(1) De Clercq, t. IX, p. 377 et suiv. ; de Testa, *loc. cit.*, V, p. 598 et suiv. et VII, p. 568 et suiv.

(2) Cf. Geffcken, *loc. cit.*, p. 18 et suiv. ; Carathéodory, *Die Donau.*

Bas-Danube, d'Isatcha à la mer, est régi par le règlement de navigation du 2 novembre 1865 ; en amont d'Isatcha, les riverains conservent tous leurs pouvoirs. La commission riveraine ne se réunit pas ; la Commission européenne a obtenu une prorogation de cinq années et une certaine extension de ses pouvoirs en vertu du nouveau règlement. Elle seule administre les établissements créés au profit de la navigation, elle seule désigne et fait exécuter des travaux, enfin ses établissements, sa caisse et son personnel jouissent du bénéfice de la neutralité en cas de guerre (1).

La Commission européenne devait expirer en 1871 ; mais l'année précédente, la Russie dénonça les articles 11 à 14 du traité de Paris, sur les détroits et la Mer Noire. Une conférence se réunit alors à Londres et rétablit sur ces points l'état antérieur à 1856. Elle s'occupa en même temps du Danube, car, la Russie ayant repris de nouveaux droits sur la Mer Noire, les puissances riveraines demandèrent des garanties. C'est l'objet du traité de Londres du 13 mars 1871. Pour balancer la nouvelle influence russe, il fut décidé que la Commission européenne continuerait de fonctionner pendant une période de douze ans, jusqu'au 24 avril 1883, terme de la période d'amortissement des emprunts qu'elle avait contractés sous la garantie des Puissances (2). De plus, la commission riveraine pourrait se

(1) Art. 1, 2, 21 *de l'Acte public*, du 2 nov. 1865.
(2) Article 4, de Clercq, X, 463.

réunir quand ce serait jugé utile par les États riverains et aux conditions arrêtées entre eux, pourvu qu'elles ne fussent pas contraires à l'article 17 du traité de Paris (1). Le bénéfice de la neutralité en cas de guerre, accordé aux établissements de la Commission européenne et à son personnel était maintenu et légèrement étendu par l'article 7.

Mais là ne se borne pas l'œuvre du traité de 1871. L'Autriche, toujours soucieuse de sa prépondérance fluviale avait pendant longtemps évité la concurrence en laissant subsister aux cataractes et aux Portes de Fer les écueils et les rapides qui en rendaient le passage souvent impossible, toujours dangereux (2). Déjà plusieurs fois, les Puissances avaient sollicité les riverains de remédier à cet état, sans obtenir satisfaction. L'Autriche, voyant le moment convenable pour agir, se fit confier, en 1871, les travaux à exécuter en cet endroit, concurremment avec la Turquie. Son but n'était pas complètement atteint, mais elle ne désespérait pas « d'arriver à ses fins (3) ». Elle y arriva, en effet, dès 1878.

Le traité signé à Berlin, le 13 juillet 1878, apporte un profond changement dans le régime suivi jusque là.

(1) Article 5.

(2) Cf. les Portes de Fer, par Engelhardt, *Revue française*, 1880 ; Itzelès, *die Regulirungkosten der Donau*, 1880.

(3) Cf. Engelhardt, *Revue critique*, 1881, p. 58-60 ; Geffcken, *loc. cit.*, p. 20-21. L'article 7 du traité de 1871 confiait aux riverains les travaux à faire aux Portes de Fer et les autorisait à percevoir des taxes en recouvrement de leurs dépenses.

L'empire ottoman est démembré, la Roumanie devient indépendante, la Serbie également, tandis que la Bulgarie, autonome, reste tributaire de la Porte. Les préliminaires de paix, signés à San-Stefano entre la Russie et la Turquie, modifiaient nécessairement les traités antérieurs et surtout celui de 1856. Aussi, un Congrès se réunit-il, le 13 juin, à Berlin, sur l'invitation du gouvernement allemand. Nous nous occuperons seulement des modifications que les discussions apportèrent au régime danubien et que le traité final a consacrées. Nous le ferons brièvement, car la plupart de ces dispositions étant encore en vigueur, nous les retrouverons dans les chapitres suivants.

En vertu des articles 45 et 46 du traité de Berlin, la Roumanie rétrocède à la Russie les territoires que cette dernière avait abandonnés en 1856, c'est-à-dire que la Russie redevient riveraine du Danube depuis le confluent du Pruth jusqu'à l'embouchure de Kilia ; mais le Delta restait à la Roumanie. Lorsque cette clause fut discutée par la Conférence, les plénipotentiaires anglais firent remarquer que cette cession avait été faite, en 1856, par la Russie « pour mieux assurer la liberté de la navigation du Danube », qu'il serait par conséquent peut-être dangereux de l'annuler. Les plénipotentiaires russes et allemands lui répondirent qu'il n'y avait là aucun danger ; mais les délégués roumains, se plaçant à un autre point de vue, s'opposaient à ce changement territorial (1).

(1) En exigeant la rétrocession de la Bessarabie, la Russie manquait, en

Le Congrès ne fit pas droit à leurs réclamations. Il consentit seulement à donner à la Roumanie, en échange de la Bessarabie, le Delta du Danube et une notable partie de la Dobroutcha, avec les deux rives du fleuve sur 150 kilomètres (1).

Comme garantie de la liberté du Danube, l'article 52 décide que toutes les forteresses et fortifications établies sur le cours du fleuve, depuis les embouchures jusqu'aux Portes de Fer, seront rasées et qu'il n'en sera pas établi dorénavant. Les bâtiments de guerre n'auront plus la faculté d'entrer dans le fleuve, sauf les stationnaires des puissances, qui pourront remonter jusqu'à Galatz et les bâtiments légers destinés au service de la police et des douanes. C'était évidemment là une garantie sérieuse. Le gouvernement autrichien en avait proposé une autre : la neutralisation du fleuve depuis les Portes de Fer jusqu'à la mer (2). Mais, outre que ce moyen serait peu efficace, il donnerait lieu à de trop nombreuses critiques pour être adopté (3) ; il fut finalement repoussé.

effet, à tous ses engagements. Le Tzar avait signé, avec l'empereur François-Joseph, un accord par lequel celui-ci s'engageait à rester neutre, pendant la guerre russo-turque, sous certaines conditions, parmi lesquelles le respect de l'intégrité de la Roumanie et la non-acquisition de territoires sur la rive droite du Danube. Trois mois après, le Tzar arrachait à la Roumanie le droit de passage pour ses troupes et un traité d'alliance. On voit clairement que la Russie manquait à ses engagements envers deux puissances et montrait, en outre, une singulière reconnaissance des services que la Roumanie lui avait rendus pendant la guerre.

(1) Protocoles IX et X, *Livre jaune*, 1878, p. 157-168, de Clercq., XIII.

(2) Séance du 2 juillet 1878. Protocole XI, *Livre jaune*, p. 178 et suiv.

(3) Voir *suprà*, p. 80.

Par contre, le projet russe, présenté dans la séance suivante, reçut, sauf quelques modifications, l'approbation générale. Il proposait, comme garantie de la liberté, la destruction des forteresses, qui, nous l'avons vu, a été définitivement adoptée. Il prévoyait la prorogation éventuelle de la Commission européenne et le remaniement de l'acte de navigation du 2 novembre 1865, afin de le mettre d'accord avec l'état actuel (1). Ce sont là les bases mêmes qui ont été adoptées et consacrées par l'acte final.

L'article 53 décide que la Commission européenne est maintenue dans ses fonctions avec l'adjonction d'un représentant de la Roumanie et avec l'extension de ses pouvoirs jusqu'à Galatz. En outre, le terme fixé par le traité de Londres, à l'existence de la Commission, devant expirer en 1833, l'article 54 dispose qu'à ce moment les Puissances se mettront d'accord sur la prolongation de ses pouvoirs ou les modifications à y apporter.

La préparation des règlements de navigation, de police et de surveillance, applicables à la section comprise entre les Portes de Fer et Galatz, est dévolue à la Commission européenne, assistée de délégués des États riverains. Les pouvoirs de la Commission européenne sont donc étendus d'autant et les règlements élaborés devront être mis en harmonie avec ceux qui ont été ou qui seront édictés pour le Danube maritime (art. 55).

(1) Protocole nº 12, *Livre jaune*, 1878.

Enfin l'avantage qui avait été concédé, par le traité de Londres, à l'Autriche-Hongrie, pour les travaux à faire aux cataractes et aux Portes de Fer, conjointement avec la Turquie, lui est confirmé par l'article 57, mais, cette fois, à l'exclusion de la Turquie. L'Autriche-Hongrie reste seule chargée des travaux, avec le droit de lever des taxes spéciales : elle a atteint son but.

Il restait à exécuter le traité ; ce fut la plus grosse difficulté. Les clauses territoriales rencontrèrent une vive opposition ; nous les négligeons à dessein (1). L'acte de navigation du 2 novembre 1865 fut mis d'accord avec le traité du 13 juillet, par un acte additionnel, signé à Galatz, le 28 mai 1881. Mais le conflit, né de l'article 55, n'est pas encore résolu

L'article 55 prescrivait uniquement l'élaboration de règlements de navigation, de police fluviale et de surveillance, pour la section des Portes de Fer à Galatz et confiait ce travail à la Commission européenne, assistée de délégués des États riverains. Rien ne semblait plus facile, à première vue, que d'exécuter cet article. On verra à quelles controverses il a donné lieu. C'est en ce qui concerne la surveillance que l'accord n'a pu se faire. L'article 55 ne parle pas, en effet, du mode de surveillance qui sera appliqué. On doit donc en conclure que la règle générale subsiste, c'est-à-dire la souveraineté des riverains, car les exceptions ne se présument pas et

(1) Nous ne citerons en exemple, que les clauses relatives au Monténégro et à la Grèce.

s'interprètent strictement. Dans le cas qui nous occupe, on devait donc décider que l'exécution et la surveillance seraient confiées aux États riverains, chacun sur sa section et à leurs agents. C'est de l'oubli de ces principes qu'est né le conflit. On a voulu voir, dans l'article 15, la faculté de restreindre la souveraineté des riverains, en confiant le droit de surveillance à une commission, dite mixte.

La Commission européenne, assistée des délégués riverains, se mit en devoir d'élaborer les règlements prescrits pour la section moyenne du fleuve. Elle siégea de 1875 à 1882. En même temps, l'article 55 étant muet sur le mode d'exécution de ces règlements et ne désignant aucune autorité chargée de cette exécution, elle confia à un comité d'études, pris dans son sein, l'élaboration d'un projet. Elle avait choisi, dans ce but (1), les délégués d'Allemagne, d'Autriche et d'Italie.

Le 15 avril 1880, le comité d'études tombait enfin d'accord sur une proposition du représentant de l'Autriche. Cet avant-projet décidait que la surveillance de la navigation et l'exécution des règlements seraient confiées à une commission mixte composée d'un représentant pour chacun des trois États riverains, auxquels on adjoindrait un représentant de l'Autriche ; ce dernier aurait la présidence perpétuelle et voix prépondérante en cas de partage. A l'appui de sa proposition, le délé-

(1) Protocole du 7 décembre 879.

gué d'Autriche expliqua que la commission mixte serait seulement un organe administratif et que, si sa création n'était pas prévue par l'article 55, elle répondait du moins à son esprit. Quant à la participation de l'Autriche-Hongrie, elle reposait sur sa situation géographique, sur ses nombreux intérêts et sur les charges que lui imposait l'article 57.

Le projet autrichien vint en discussion devant la Commission européenne ; il fut vivement combattu, on le croit sans peine, par la Roumanie. Cette Puissance refusait la participation de l'Autriche-Hongrie et prétendait que l'exécution des règlements ne pouvait être confiée qu'aux seuls riverains, ou à une commission riveraine. La règle générale est, en effet, que les riverains conservent leur souveraineté sur leur section fluviale, sauf les limitations apportées d'un commun accord, en vertu d'un traité (1). Or, le traité de Berlin ne parlait d'aucune limitation de ce genre, il laissait intacte la souveraineté de chacun, sauf en ce qui concerne l'élaboration des règlements, confiée à la Commission européenne, et l'exécution des travaux aux Portes de Fer (art. 55 et 57) (2).

Finalement, sur l'opposition de la Roumanie, le projet autrichien fut repoussé. De longs et infructueux débats suivirent. Enfin, le 27 mai 1882, le délégué français,

(1) V. *suprà*, p. 122.

(2) Geffcken, *loc. cit.*, p. 26-29 ; Holtzendorff, *Rumäniens Uferrechte an der Donau*, p. 49 et suiv.

M. Barrère, présenta une proposition conciliante. La commission mixte serait composée d'un délégué des trois États riverains et de l'Autriche, ce dernier devant avoir la présidence perpétuelle. Jusqu'ici, rien de changé. La modification consistait seulement dans l'adjonction d'un membre de la Commission européenne. De ce fait, le nombre des commissaires était porté à cinq et la voix prépondérante de l'Autriche, devenue inutile, disparaissait. Les délégués de la Commission européenne recevraient ce mandat à tour de rôle, dans l'ordre alphabétique des Puissances et de six mois en six mois.

Ce projet présentait quelques avantages : il supprimait la trop grande influence de l'Autriche ; il établissait une certaine connexité entre la Commission européenne et la commission mixte, connexité qui rendrait plus facile l'uniformité de réglementation. Son plus grand défaut était de donner aux Puissances, représentées dans les deux commissions, une double voix, lorsque leur tour alphabétique les désignerait pour représenter la Commission européenne dans la commission mixte (1).

Cette proposition fut adoptée par la Commission européenne, le 2 juin 1882, sous forme d'un règlement de navigation, de police et de surveillance. Les deux titres concernant la navigation et la police reçurent l'approbation unanime ; seul, le titre troisième, concernant la

(1) Cf. Geffcken, *loc. cit.*, p. 30-33. Les deux puissances dans ce cas étaient l'Autriche et la Roumanie.

surveillance, et qui renfermait la proposition Barrère, n'obtint pas l'agrément de la Roumanie. Elle refusait toujours la participation de l'Autriche. Cette attitude nécessita de nouvelles négociations avec le gouvernement roumain, qui, du reste, n'aboutirent pas. C'est alors que se réunit à Londres, la Conférence chargée d'exécuter les articles 54 et 55 du traité de Berlin, à savoir la prolongation des pouvoirs de la Commission européenne et la confirmation du règlement du 2 juin 1882.

Le 8 février 1883, s'ouvrait la Conférence. La Roumanie et la Serbie n'étaient pas invitées, elles protestèrent. Leur droit était fondé, disaient-elles, sur la situation que leur a faite le traité de Berlin, sur la participation que la Roumanie prend à la Commission européenne et enfin sur le protocole d'Aix-la-Chapelle, en vertu duquel les États intéressés à une affaire discutée en réunion doivent y participer (1).

La question, portée devant la Conférence, fut tranchée sans difficulté ; il fut décidé que la Roumanie et la Serbie ne seraient admises à prendre part aux conférences qu'avec voix consultative (2). La Serbie accepta cette situation, tandis que la Roumanie la refusa, en déclarant qu'elle ne considérait pas comme obligatoires pour elle les décisions qui seraient prises sans sa

(1) V. Annexes I et II au protocole n° 2 du 10 février 1883, *Livre jaune*, 1883. — Cf. Holtzendorff, *loc. cit.*, p. 137-138. Catellani, *La navigazione...* p. 142-145.

(2) Protocole n° 2, *Livre jaune*, p. 13. — Cf. Geffcken, *loc. cit.*, p. 47.

participation. La Bulgarie fit, à tort, les mêmes réserves, sur le refus de la Conférence de l'admettre avec voix consultative (1).

La confirmation du règlement du 2 juin 1882 ne souleva aucune résistance, elle est contenue dans l'article 7 de l'acte final du 10 mars. Cependant, pour ménager l'opposition de la Roumanie, et dans le but d'amener son adhésion, le gouvernement autrichien se montra disposé à faire des concessions. Il consentit à abandonner sa double voix, à titre de réciprocité quant à la double voix roumaine ; il accepterait la demande roumaine d'un sectionnement longitudinal du fleuve quant à la compétence ; enfin il irait jusqu'à admettre la nomination des sous-inspecteurs par les États riverains (2). C'est avec ces modifications que le règlement du 2 juin 1882 fut admis et annexé au traité de Londres (3). Malgré cela, il ne reçut pas l'approbation du gouvernement roumain (4).

Ce point une fois tranché, on s'occupa de la prolongation des pouvoirs de la Commission européenne. Le traité de Berlin avait laissé cette question en suspens, se bornant à décider qu'au terme convenu (24 avril

(1) Annexe au protocole n° 3, dépêche du prince Ghika et annexe au protocole n° 4.

(2) Protocole n° 3.

(3) V. règlement de navigation de police et de surveillance du Danube. Art. 96, 97, 100, 101, 103 et 106.

(4) Nous verrons plus loin, en étudiant le régime du Danube moyen, que cette partie du traité de Londres n'a pas pu être exécutée à cause de l'opposition de la Roumanie.

1883), les Puissances contractantes s'entendraient pour proroger la Commission et apporter à ses pouvoirs les modifications convenables. Le gouvernement russe prit texte de cet article pour en réclamer ; il subordonnait son acceptation de la prorogation à l'abandon par la Commission de ses pouvoirs sur la branche de Kilia : le gouvernement russe faisait valoir, à l'appui de sa demande, que l'autorité de la Commission européenne n'avait été étendue aux trois embouchures que pour lui permettre de choisir celle qui serait la plus appropriée au résultat cherché. Or, depuis longtemps déjà, la Commission avait jeté son dévolu sur la branche de Soulina et négligeait absolument les deux autres ; par conséquent, les cours d'eau de Kilia, non exploités « constituent des ressources de prospérité locale dont l'on ne saurait frustrer les populations avoisinantes et qui ne peuvent être soustraites, sans dommage pour le commerce général, aux bienfaits de la libre navigation fluviale qui y resterait en souffrance (1) ».

Dans la séance suivante, les modifications proposées par le cabinet de St-Pétersbourg furent adoptées, elles forment les articles 3 à 7 du traité définitif : la Commission européenne n'exerce plus son contrôle sur le bras de Kilia, en tant que ses deux rives appartiennent au

(1) Paroles du baron de Morenheim. Séance du 20 février 1883, protocole n° 4. — Cf. Geffcken, *loc. cit.*, p. 38-52.

même riverain ; quant aux sections communes, un régime spécial est établi (1).

Moyennant ces concessions, la Russie consentit à une prolongation de la Commission. Les plénipotentiaires de France, d'Angleterre, de Turquie et d'Italie exprimaient le vœu qu'elle devînt permanente ; mais, sur la demande du gouvernement autrichien, appuyé par la Russie, on s'en tint au terme de 21 ans, avec tacite reconduction de trois ans en trois ans à partir de ce terme, sauf dénonciation un an avant la fin de chaque période triennale. En même temps l'autorité de la Commission était étendue jusqu'à Braïla (art. 1 et 2).

Le 20 mars 1883, le traité de Londres était signé, malgré l'opposition persistante de la Roumanie. L'échange des ratifications n'en eut pas moins lieu entre les parties signataires ; seulement l'acte n'est pas applicable puisque l'acceptation de la Roumanie n'est pas encore intervenue. Nous verrons plus loin les conséquences de cette situation (2). Il est actuellement le dernier acte diplomatique sur le Danube ; depuis lors, aucun changement n'a été apporté dans son régime international.

Nous étudierons donc maintenant l'organisation actuelle du Danube, telle qu'elle résulte des actes interna-

(1) V. plus bas, au chapitre de la commission européenne, quel est ce régime.

(2) La proposition du délégué d'Autriche, comte Karolyi, de déclarer le règlement exécutoire malgré la Roumanie, ne fut pas admise par la conférence. Cf. Geffcken, *loc. cit.*, p. 53-54.

tionaux que nous avons passés en revue dans le présent chapitre, et nous noterons, à l'occasion, les modifications de fait qu'elle a subies et les anomalies qu'elle présente relativement au droit commun des fleuves internationaux.

TITRE II

ORGANISATION ACTUELLE DU DANUBE

Ainsi qu'on a pu le voir dans le chapitre précédent, le régime danubien n'offre aucun caractère d'unité. Les principes de l'Acte de Vienne sont battus en brèche. Le traité de 1815 avait pour but de rendre les fleuves communs, depuis le point où ils deviennent navigables jusqu'à leurs embouchures et d'établir sur tout ce parcours des règles uniformes et libérales. Le traité de 1856, bien qu'il déclare expressément appliquer ces principes, s'en écarte, et les traités de 1871, 1878 et 1883 n'ont fait que marquer de nouvelles étapes dans le même sens; si bien qu'aujourd'hui, le Danube présente cette situation bizarre d'un fleuve international auquel aucune règle, ou à peu près, en vigueur sur les autres fleuves du même genre et prescrite par les actes fondamentaux, n'est appliquée.

Actuellement, le Danube est divisé en trois sections, soumises chacune à un régime différent. Cette division tripartite repose sur le traité de 1878 et sur la politique autrichienne.

Nous pouvons donc constater, dès à présent, que le Danube présente des exceptions au droit commun. Et d'abord, le domaine fluvial commun s'étend du point où le fleuve devient navigable jusqu'à son embouchure, il est soumis, sur tout ce parcours, à la liberté de navigation et au régime de communauté, c'est-à-dire que tous, riverains ou non, ont un droit égal à se servir de la voie fluviale pour le commerce et la navigation et que les règlements, fixés pour tout le cours du fleuve d'après une entente entre les riverains, doivent présenter une certaine uniformité.

La liberté de commerce et de navigation, sur tout le cours du fleuve, existe, en droit, sur le Danube, en vertu du traité de 1856 ; mais là s'arrête l'application du droit commun. L'organisation commune fait complètement défaut puisque le fleuve est divisé en trois sections, dont chacune est soumise à un régime complètement différent ; et, c'est seulement sur la section maritime, grâce à l'organisation de la Commission européenne, qu'il est possible de retrouver l'unité de réglementation, mais non pas davantage l'application du droit commun.

Nous en avons dit assez pour montrer qu'il est impossible d'étudier le Danube dans son ensemble, puisque chacune de ses parties est un tout différent des autres. Il faut donc étudier chacune d'elles dans un chapitre spécial.

CHAPITRE PREMIER

LE DANUBE SUPÉRIEUR.

Le Danube supérieur s'étend du point où il devient navigable jusqu'au point où il quitte le territoire austro-hongrois, soit depuis Ulm jusqu'à Orsova, sur une longueur approximativement égale à la moitié du cours total. Sur toute cette section, existe, en vertu du traité de 1856, la liberté de commerce et de navigation, soit pour les riverains, soit pour les non-riverains ; c'est là du moins le droit ; mais en fait, cette partie du fleuve n'est guère fréquentée par les bâtiments étrangers. Les principales raisons en sont que les Portes de Fer présentent un grave obstacle à la navigation, que seuls les bâtiments aménagés d'une manière spéciale parviennent à franchir ; et en second lieu le règlement de navigation du 9 janvier 1858 qui applique au Danube supérieur l'acte de 1857 et interdit la navigation fluviale proprement dite aux non-riverains. Aussi peut-on dire sans exagération que le commerce du Haut Danube est aux mains de l'Autriche (1).

(1) Depuis 1830, le gouvernement autrichien accordait sa protection à une Compagnie de navigation à vapeur qui absorbait à elle seule la plus grande part de la navigation. Les privilèges lui ont été enlevés en 1883, mais elle n'en continue pas moins à exercer un monopole de fait.

Quant à l'organisation de cette section fluviale, elle est abandonnée aux riverains. Ils ont formé entre eux une sorte de communauté réglée par le traité conclu à Vienne, le 2 décembre 1851, entre l'Autriche et la Bavière, et auquel le Würtemberg accéda le 5 juin 1855 (1).

Ce traité consacre, dans ses premiers articles, la liberté de navigation, même pour les non-riverains ; mais il réserve aux riverains le cabotage entre les contractants, sauf la permission accordée aux étrangers d'y participer accidentellement en cours de voyage. Quant au cabotage entre ports d'un même riverain, il appartient aux nationaux, sauf la faculté du cabotage accidentel en faveur des sujets des autres contractants. Tous monopoles et privilèges sont supprimés (2), ainsi que tous droits d'étape, relâche forcée, etc. ; la navigation est libre pour tous ceux qui ont obtenu l'autorisation de leur administration territoriale. Il ne subsiste que des droits compensateurs, qui ne doivent pas être supérieur aux dépenses qu'ils ont pour but de couvrir. Les règlements de navigation et de police doivent être uniformes ; il est établi des tribunaux de navigation, etc. Enfin une commission technique composée d'un délégué par État est chargée, tous les trois ans, de parcourir la partie du Danube et ses affluents navigables

(1) Martens, *N. R. G.*, XVI, 2e partie, p. 63-71.

(2) Par un article séparé, il est décidé que l'art. 2 n'entrera en vigueur qu'à l'expiration du privilège de la Compagnie de navigation à vapeur autrichienne, soit au plus tard le 17 septembre 1880.

compris dans le traité, pour se rendre compte des travaux nécessaires. Six mois après ce voyage, une commission de révision siégera à Vienne dans le but de constater si le traité a été bien appliqué et d'apporter au commerce et à la navigation de nouvelles facilités. Les décisions de la commission sont soumises à l'acceptation des États.

La Serbie n'est devenue indépendante que postérieurement à ce traité, en 1878, et n'y a pas adhéré. Seulement elle a conclu avec l'Autriche un traité préliminaire, du 8 juillet 1878, par lequel elle stipule, pour sa navigation, le traitement de la nation la plus favorisée, en retour de quoi elle promet à l'Autriche-Hongrie toutes facilités pour les travaux aux Portes de Fer (1). La Serbie se range d'ailleurs le plus souvent à l'avis de sa puissante co-riveraine, avec laquelle elle redoute avant tout d'avoir maille à partir. Son intérêt sur le Danube est assez médiocre, elle y entretient peu de commerce, étant donné que la partie du fleuve qui la borde est précisément celle des cataractes. Aussi la plus grande partie de sa navigation se fait-elle sur la Save qui lui est commune aussi avec la Hongrie et qui lui offre un moyen de communication direct et facile avec les centres de production autrichiens. Elle a donc tout intérêt à ménager l'Empire-Royaume, d'autant que son commerce général est presque uniquement réduit aux échanges avec lui (2).

(1) Martens, *N. R. G.*, VIII, p. 319.

(2) Pendant l'année 1896, l'Autriche a importé en Serbie, 19.234.000 francs

Aussi un traité de commerce, signé, le 6 mai 1881, par les deux États, établit-il entre eux la liberté réciproque de commerce et de navigation (1). En outre, le 10-22 février 1882, intervenait une convention de navigation pour compléter le traité précédent. Son article 1er établit pour les sujets des États contractants le traitement national. Tous droits de péage et autres sont abolis, ainsi que les monopoles ; mais les articles 3, 4, 5 et 6 maintiennent les dispositions de l'acte de 1858 en ce qui concerne le cabotage entre les deux États : il est réservé aux nationaux des parties contractantes, munis d'une patente délivrée par l'autorité locale. La convention contient, en outre, des dispositions sur les douanes, le service sanitaire, la compétence, les établissements fluviaux, etc. La convention, obligatoire pendant 10 ans, est renouvelable d'année en année par tacite reconduction.

Il existe donc une entente entre les quatre co-riverains du Danube supérieur et c'est d'après cette entente seule que le régime en est fixé. L'Autriche a par conséquent obtenu satisfaction sur ce point; elle a créé sur la section supérieure du fleuve un « consortium entièrement soustrait à l'influence européenne » et contraire

de marchandises sur une importation totale de 33.448.000 francs, soit 57,19 0/0. Et elle en a reçu 47.035.000 francs de marchandises sur une exportation totale de 53.386.000 francs, soit 90,30 0/0. L'Autriche absorbe donc en moyenne 73,75 0/0 du commerce total extérieur de la Serbie. *Annales du commerce extérieur*, année 1898.

(1) Martens, *N. R. G.*, VIII, 345.

au but originaire du traité de 1856, qui était d'organiser, en vertu des principes de 1815, une communauté complète du fleuve devant avoir pour résultat un régime uniforme sur toute son étendue (1).

Nous ne nous occuperons pas davantage de cette section fluviale, puisqu'elle échappe au droit international et à ses règles positives, pour ressortir uniquement au droit interne autrichien. Nous aurons l'occasion dans les chapitres suivants de mentionner plus d'une fois encore les mêmes tendances du même gouvernement.

(1) Cf. Engelhardt, *Revue critique de législation et de jurisprudence*, 1881, p. 49-55 ; Vernesco, *op. cit.*, 253.

CHAPITRE II

LE DANUBE MOYEN.

L'étendue de cette section a varié. Lorsque le traité de 1878 la créa, par son article 55, elle comprenait toute la partie du fleuve entre Orsova et Galatz ; le traité de Londres la restreignit en soumettant à l'autorité de la Commission européenne le cours du fleuve entre Galatz et Braïla. Elle s'étend donc, depuis 1883, d'Orsova à Braïla. Les riverains de cette section sont au nombre de trois : la Serbie, la Bulgarie et la Roumanie.

Ce qui distingue cette partie du fleuve, c'est, avant tout, les questions politiques qu'elle a fait naître, et aussi la nouvelle exception qu'elle apporte au droit fluvial commun et à ses principes. Cette section du Danube, comme la précédente, est soumise par les articles 15 et 16 du traité de 1856 à la liberté de navigation, mais, comme elle aussi, elle échappe à toute espèce d'organisation commune ; non pas que le traité de Paris ait omis de l'y soumettre, mais parce que les traités subséquents, et notamment les articles 55 et 57 du traité de Berlin, l'y ont soustraite et que le traité de Londres, qui avait pour but d'organiser une nouvelle communauté, n'a pas été accepté par la Roumanie.

Quelle est donc la situation actuelle du Danube moyen ? Elle repose sur deux faits indépendants et exceptionnels : la situation de l'Autriche-Hongrie aux Portes de Fer et la question roumaine.

SECTION I. — Les Portes de Fer et la situation de l'Autriche-Hongrie.

Nous avons signalé plus haut les efforts constants de la politique austro-hongroise en vue de se réserver l'hégémonie de la plus grande partie du fleuve. Elle avait, pour atteindre ce but, deux moyens qu'elle a employés avec un succès inégal : « l'un était purement diplomatique et pouvait être tiré de l'interprétation du droit conventionnel, tel que le congrès de Vienne l'avait formulé ; l'autre résidait dans les conditions naturelles du fleuve à l'entrée même du territoire de l'empire (1) ».

Le premier fut appliqué par le règlement élaboré à Vienne le 7 novembre 1857 : nous l'avons déjà étudié, nous n'y reviendrons donc pas. Il échoua grâce à la vigilance de l'Europe ; mais on sait aussi que, malgré cette vigilance, le Danube supérieur a échappé à son contrôle et qu'en cela du moins l'Autriche a réussi.

Le second moyen ne fut mis en action qu'un peu plus tard, c'est celui qui nous intéresse plus particulièrement ici : il s'agit des travaux aux Portes de Fer. Peu de temps après sa sortie du territoire hongrois, le Da-

(1) Engelhardt, *L'Autriche-Hongrie et la question du Danube. Revue critique*, 1881, p. 55.

nube traverse la chaîne des Carpathes ; son lit à ce moment et sur une notable longueur est semé de bancs de rochers qui en rendent la navigation très dangereuse (1). En outre le peu de profondeur du fleuve ne permet la navigation qu'à des bateaux d'un très faible tirant d'eau, alors que la vitesse du courant exige à la descente des pilotes expérimentés et à la remonte des forces considérables (2).

Le gouvernement autrichien devait tirer habilement parti de cet obstacle naturel. Il en fit d'abord un argument en faveur de l'isolement de la partie supérieure du fleuve, alléguant que le commerce étranger n'aurait aucun intérêt à se la voir livrer, puisqu'il ne pourrait y parvenir (3). Il évitait ainsi la concurrence et se réservait une sorte de monopole par le fait que la Compagnie privilégiée de navigation, grâce à ses ressources personnelles et aux subventions dont elle était gratifiée, construisait des bâtiments spéciaux d'un tirant d'eau très faible qui, guidés par des pilotes expérimentés, franchissaient les rapides presque en tout temps. Il

(1) V. les détails sur le cours du fleuve depuis Bazias jusqu'aux Portes de Fer dans Blociszewski : *Le nouveau canal des Portes de Fer*, *Revue générale du droit international public*, p. 105 et suiv.

(2) La saison des basses eaux qui est de longue durée, arrête presque toute circulation. Ainsi, de 1840 à 1890, les bateaux d'un tirant d'eau de 1 m. 50 n'ont pu franchir les rapides que pendant 158 jours en moyenne, tandis que les bateaux d'un tirant d'eau de 1 m. 80 n'ont pu le faire de 1881 à 1895 que pendant 45 jours. Blociszewski, *op. cit.*, p. 105.

(3) Un bateau français, *Le Lyonnais*, avait cependant franchi la passe redoutable en 1856.

fallait donc à tout prix conserver cette barrière bienfaisante qui ne s'ouvrait que d'un côté.

A l'origine, ce fut en réalité assez facile. La Turquie en était la seule riveraine et son peu d'intérêt ne la poussait guère à entreprendre des travaux que personne ne réclamait et que l'état de ses finances lui eût probablement rendus difficiles. Mais peu à peu, la navigation devenant de plus en plus active, sous l'influence de la réglementation du Bas-Danube et sous l'impulsion de la Commission européenne, les idées elles-mêmes devenant plus larges et l'intérêt économique de la Hongrie mieux compris, l'amélioration du passage des Portes de Fer finit par s'imposer et le gouvernement austro-hongrois se décida à la demander. Il ne mettait à cette résolution qu'une condition : les travaux devraient lui être confiés.

Il convient de rappeler ici que les Portes de Fer étaient situées à ce moment sur le territoire ottoman (1) ; l'Autriche cessait d'être riveraine à Orsova et les Portes de Fer sont situées un peu en aval de cette ville. Or, d'après l'article 113 de l'Acte final de Vienne, appliqué au Danube par l'article 15 du traité de 1856 et en vertu du droit commun, il appartient à chaque État riverain d'entreprendre, dans la partie du lit de la rivière qui le traverse, les travaux nécessaires à la navigation. De

(1) Jusqu'en 1878, les Portes de Fer étaient situées sur le territoire des Principautés Unies, vassales de la Porte. Depuis cette époque, elles sont sur la partie du fleuve commune à la Serbie et à la Roumanie.

plus, l'article 17 du traité de 1856 prévoyait aussi une commission riveraine chargée « d'ordonner et de faire exécuter les travaux nécessaires sur tout le parcours du fleuve ». On a déjà vu que cette commission n'a pas fonctionné. La conclusion était de toute simplicité : la Turquie devait, seule, en l'absence de la commission riveraine, être chargée des travaux d'amélioration aux Portes de Fer.

Mais l'Autriche ne semblait pas devoir s'accommoder de cette solution. Les instructions données au comte Apponyi, son représentant à la Conférence de Londres, en font foi. « Selon les circonstances, disaient-elles, nous aurions peut-être à y joindre la proposition éventuelle de prendre à notre charge les travaux à faire pour ouvrir un meilleur passage à travers les Portes de Fer (1). » Cette insinuation, timide à son début, allait s'affermir de plus en plus, surtout au cours des conférences. La première réunion eut lieu le 17 janvier. Dès le 19, le comte de Beust envoie de nouvelles instructions plus pressantes : « Si nous ne réussissons pas à obtenir notre libération du contrôle européen sur la partie supérieure du fleuve, il faudra nous borner à revendiquer un droit qui ne saurait être contesté aux Puissances riveraines, c'est le droit de construire dans les parties du fleuve en amont d'Isatcha et surtout aux Portes de Fer les travaux nécessaires.....Nous aurons à nous concerter

(1) Dépêche du comte de Beust au comte Apponyi, en date de Vienne, 22 décembre 1870, *Archives diplomatiques*, 1873, III, 268.

avec nos co-riverains sur les conditions d'une pareille opération technique et financière à la fois, *si celle-ci était entreprise par notre gouvernement à lui seul* (1). » En même temps, il exposait dans une dépêche au baron de Prokesch, ambassadeur à Constantinople, les raisons de ce projet. C'est, dit-il, « un but éminemment pratique : rendre le Danube navigable pour le grand commerce ». Personne, ajoutait-il, ne pourrait avoir une objection fondée contre une aussi belle entreprise ; « que ce soit la Commission européenne qui s'en charge, ou celle des riverains, ou bien l'Autriche-Hongrie à elle seule, c'est là une question secondaire. » Au surplus, les Puissances maritimes ne sauraient que se féliciter de voir l'Autriche-Hongrie se vouer à une tâche aussi grande, car aucun des autres États riverains n'a de ressources ou d'intérêts suffisants pour y prendre part (2).

Muni de ces instructions précises, le comte Apponyi présenta sa proposition à la Conférence, dans la séance du 3 février 1871 ; elle y rencontra l'opposition du représentant ottoman. Le gouvernement turc entendait que la question des travaux fut écartée de la Conférence et traitée directement entre Vienne et Constantinople. Cependant le gouvernement autrichien ne cédait pas ; bien au contraire, le 20 février, le comte de Beust télégraphiait : « nous tenons fort à nos deux articles et à faire mentionner notre gouvernement s'offrant comme

(1) *Archives diplomatiques*, 1873, III, p. 308.
(2) *Archives diplomatiques*, *loc. cit.*, p. 312-313.

entrepreneur. » La Porte finit par céder et, le 13 mars, le traité devenait définitif avec les articles proposés par l'Autriche, sauf une légère modification : la Turquie lui était adjointe (art. 6).

L'Autriche avait en partie réussi ; le principe de sa proposition n'avait soulevé d'autre objection que celle du gouvernement ottoman et la Russie l'avait même soutenu. Il résultait de l'article 6, que l'Autriche-Hongrie et la Turquie s'entendraient entre elles dans le but de faire disparaître les obstacles mis à la navigation par les cataractes et les Portes de Fer. Dans ce but, l'article 15 du traité de 1856 était déclaré inapplicable à cette partie du fleuve et les deux États pouvaient percevoir, du seul fait de la navigation, des péages sur les bâtiments profitant des nouvelles commodités.

Malgré les motifs élevés qu'avait invoqués le gouvernement autrichien : l'intérêt du grand commerce et le développement économique, il fut bientôt évident qu'il avait en vue autre chose et que ces motifs n'étaient que des prétextes. Au lieu de profiter de la faculté que lui accordait l'article 6, le cabinet de Vienne ne s'en occupa plus. En 1873, les gouvernements austro-hongrois et ottoman nommèrent chacun un ingénieur chargé de faire un rapport ; cette commission technique avait terminé son œuvre en 1874, mais les gouvernements s'en tinrent là, ils ne se décidèrent pas à faire les travaux. C'est que le gouvernement impérial, comme on l'a vu, était poussé à ces lenteurs par un but intéressé ; ce qu'il voulait, c'était s'assurer l'entreprise des travaux aux Portes de Fer à lui tout seul (et il ne désespérait pas d'y arriver), peut-être même avec le secret dessein de ne les entreprendre qu'à la dernière extrémité, quand l'opinion européenne l'obligerait à faire disparaître cette entrave qui lui rendait tant de services.

Quoi qu'il en soit, le traité de Berlin devait marquer la victoire finale de la persévérance autrichienne. Dans la séance du 2 juillet 1878, le baron de Haymerlé présenta un projet en quatre points, destiné à remplacer l'article XII du traité de San Stefano. « L'exécution des travaux destinés à faire disparaître les obstacles que les Portes de Fer et les cataractes opposent à la navigation, est confiée à l'Autriche-Hongrie, disait le paragraphe 4, et le droit de percevoir des taxes lui est confirmé. » A la séance suivante, le plénipotentiaire présenta un projet dans lequel il n'était rien dit de cette proposition. Sur les observations du baron de Haymerlé, ce fut la proposition autrichienne qui fut soumise au vote et le point qui nous occupe fut admis sans la moindre résistance. Il forme l'article 57 de l'acte du 13 juillet 1878.

Cette fois, la dérogation aux principes du droit public européen est incontestable. Si le traité de Berlin s'y était conformé, il eût chargé les riverains, c'est-à-dire, dans l'espèce, la Roumanie et la Serbie devenues indépendantes, et les riverains seuls, des travaux à entreprendre en cette partie du fleuve. Au lieu de cela, les riverains sont exclus, toutes facilités sont accordées à l'Autriche non riveraine, on ne lui impose même pas le concours des deux États intéressés ; bien mieux, on engage ceux-ci à montrer de la complaisance envers leur spoliatrice (1).

Le traité de Londres de 1883, n'a rien changé à cet état de choses. Qu'en est-il résulté ?

L'Autriche, ayant peu d'intérêt à l'ouverture des Portes de Fer, d'autre part les travaux à entreprendre devant être la source de dépenses énormes que les droits de navigation couvriraient difficilement, retarda toujours l'entreprise. Cependant des commissions d'ingénieurs travaillaient de loin en loin à la question technique.

Au lendemain du traité de Berlin, l'Autriche, d'accord avec le gouvernement hongrois, avait confié à ce dernier le soin d'exécuter les travaux et, en 1888 seulement, fut enfin votée la loi qui allait permettre de les commencer. Mais des difficultés financières apparurent dès les premiers jours et la pose solennelle de la première pierre n'eut lieu que le 18 septembre 1890.

Le terme primitivement fixé pour l'achèvement des travaux ne s'étendait pas au delà de cinq ans, puis il

(1) Cf. Engelhardt, *Revue critique*, 1881, p. 61 ; Holtzendorff, *Rumäniens Uferrechte*, p. 46-47 ; d'Avril, *Revue du monde latin*, 1884, II, p. 12. Nous ne nous rangeons pas à l'avis de M. Blociszewski d'après lequel cette dérogation se comprend très bien par ce fait que l'Autriche-Hongrie a reçu un mandat européen et qui voit un argument concluant dans le fait que les cataractes, étant situées sur une partie du fleuve commune à la Hongrie et à la Serbie, il est tout naturel que les travaux aux Portes de Fer lui soient confiés en même temps. Blociszewski, *loc. cit.*, p. 108-109.

fut prorogé jusqu'en 1898 ; aujourd'hui cependant les travaux ne sont pas encore terminés, bien que la Hongrie ait célébré l'inauguration du nouveau canal le 27 septembre 1896. Elle a voulu simplement faire coïncider ces fêtes avec celles du Millénaire.

Les travaux s'étendent de Moldova à Turnu-Severin. De Moldova à Orsova, ils n'ont en vue que la destruction des rapides ; en aval, ils s'attaquent aux Portes de Fer. Occupons-nous seulement des derniers.

Le canal creusé en cet endroit va d'Orsova au village serbe de Sibb et mesure un développement de 2,480 mètres sur une largeur de 73 mètres. Son but est de permettre aux navires d'un tirant d'eau de 2 m. 50 environ et d'une portée approximative de 2,000 tonnes, de passer sans danger. On a donc creusé le lit du fleuve, notamment au banc de Pigrada où il n'avait qu'un pied de profondeur, de manière à lui donner une profondeur de 3 mètres au-dessous de l'étiage. En même temps on l'a enserré entre deux digues qui dirigent le courant.

Malgré ces travaux qui ont coûté fort cher au gouvernement hongrois (1), il ne semble pas que le résultat cherché soit complètement atteint, ni doive l'être quand l'entreprise sera terminée et le canal livré à la circulation (2).

(1) La société d'entreprise absorbe, à elle seule, 26.250.000 francs.

(2) Les travaux ne sont pas encore complètement terminés, et le canal qui devait être livré à la circulation deux ou trois ans après l'inauguration de 1896, ne l'est pas encore à l'heure actuelle.

Pendant la saison des basses eaux, le canal ne peut rendre aucun service, car alors il n'est pas navigable pour les bâtiments d'un tonnage un peu élevé, et c'est précisément l'époque où la navigation pourrait être le plus active, puisque c'est le moment des grandes exportations de céréales. Ces exportations se feront donc le plus fréquemment par le chemin de fer qui longe le Danube et ce sera autant de ressources perdues pour le gouvernement hongrois. D'autre part, pendant la saison des hautes eaux et en temps ordinaire, le courant atteint une telle rapidité dans le chenal, que, des expériences faites, il résulte qu'un remorqueur de 800 chevaux met plus d'une heure à remorquer un seul navire de 600 tonnes pendant ce court trajet, sans compter les dangers que l'un et l'autre encourent (1).

Il est donc certain que le canal des Portes de Fer ne rendra pas les services qu'on en attendait et il est permis d'en accuser le gouvernement hongrois lui-même, car il s'est opposé au projet que lui présentait la commission d'études, de construire un chenal à écluses. Un système d'écluses eût permis de modérer le courant et entretenu, presque en tout temps, une quantité d'eau suffisante au passage ; grâce à ce système, on eût évité des dangers à la navigation et on l'eût attirée ; enfin on eût fait un canal utile et fréquenté, au lieu d'un passage désert dont les frais auront beaucoup de peine à être couverts.

(1) V. dans Blociszewski, de très intéressants détails sur tous ces points, p. 111 et suiv.

D'aucuns ont prétendu qu'il fallait voir là une combinaison ingénieuse du gouvernement austro-hongrois qui aurait voulu ne donner à l'Europe qu'une satisfaction apparente en remplaçant l'ancien obstacle par un nouveau. Nous ne voulons pas aller jusque-là, mais il faut au moins constater que le commerce autrichien a conçu de vives alarmes en voyant commencer des travaux qui allaient peut-être lui amener la concurrence étrangère. Il oubliait que l'acte de navigation de 1858 suffisait à lui seul à le mettre à l'abri. Il est inutile d'ajouter qu'aujourd'hui il est complètement rassuré.

Pourtant le gouvernement hongrois ne semble pas encore satisfait du résultat obtenu. Il vient de décider qu'à partir du 1er mai 1899, les droits perçus au passage des Portes de Fer seront augmentés dans une forte proportion. Ils atteindront le navire et la cargaison : le premier à raison de 10 kreuzers par tonneau de jauge, la seconde à raison de 90 kreuzers par tonne (1). Ce sont là de véritables droits prohibitifs. Cette décision a soulevé une réprobation générale, aussi bien en Autriche qu'en Roumanie et en Russie. La Chambre de commerce de Vienne se plaint du préjudice qui lui est porté et ses doléances ont fait l'objet d'une pétition au ministre. Le ministre des affaires étrangères de Russie a fait des démarches analogues auprès de M. Goluchowski.

Examinons rapidement cette question. En vertu des

(1) Voir, dans l'*Indépendance roumaine* du 15 avril 1899, l'article intitulé : *Les Taxes aux Portes de Fer*.

articles 6 du traité de Londres de 1871 et 57 du traité de Berlin, le gouvernement austro-hongrois a reçu le droit de percevoir une taxe provisoire pour couvrir les frais des travaux entrepris par lui aux Portes de Fer. Résulte-t-il de là que le gouvernement hongrois (1) peut établir, à l'heure actuelle, des droits sur les navires et les marchandises ? Nous ne le pensons pas. D'abord, comme on l'a vu, les travaux effectués aux Portes de Fer sont loin d'être satisfaisants et ne présentent, pour ainsi dire, aucune amélioration de la voie fluviale ; il subsiste encore de nombreux obstacles au passage. Or les droits ne peuvent être perçus que s'il y a vraiment un service rendu à la navigation ; ce point étant encore l'objet de sérieuses contestations, le gouvernement hongrois anticipe ; il aurait dû suivre l'exemple que lui avait donné la Commission européenne qui attendit la navigabilité réelle de la Soulina pour établir un tarif.

Mais, de plus, a-t-il le droit de lever ces taxes exorbitantes sur les cargaisons ? Les articles 6 et 57 précités, combinés avec l'article 15 du traité de 1856, nous donnent la réponse. Les droits devront atteindre seulement les navires de commerce, dit l'article 6 du traité de 1871 ; le traité de 1878 n'y a rien ajouté. Par conséquent, les navires marchands, seuls, devront payer les taxes établies, et cela, d'après leur jauge. Cependant, le gouvernement hongrois décide que les marchandi-

(1) On sait que l'Autriche a transmis sur ce point ses pouvoirs à la Hongrie.

ses seront également frappées, et non pas d'une manière uniforme, mais selon certaines catégories et d'après leurs quantités. Ce système, s'il était admis, serait la négation même de la liberté fluviale. Les taxes, en effet, n'ont pour but que le remboursement des dépenses effectuées et le paiement du service rendu ; or le service rendu est le même pour toutes les catégories de marchandises, sans distinction. En outre, ce système obligerait à des vérifications de la cargaison, d'où perte de temps et contrôle vexatoire, contraire à la liberté du commerce.

Le gouvernement hongrois ne peut donc, légitimement prétendre au droit de percevoir des taxes, suivant certaines catégories de marchandises. Bien plus, nous estimons qu'il n'a pas le droit d'en percevoir sur la marchandise elle-même, quelle qu'elle soit. L'article 6 du traité de 1871 ne parle, en effet, que des navires de commerce et non de leur cargaison. Or cet article doit être interprété strictement, puisqu'il est une exception apportée au traité général de 1856 et aux règles ordinaires. On ne peut donc étendre ses dispositions aux marchandises. Enfin l'article 15 du traité de Paris est formel ; il déclare qu'il ne sera perçu aucun droit sur les marchandises qui se trouvent à bord des navires, sauf au cas où ce droit serait expressément contenu dans un traité. Bien que l'article 6 du traité de 1871 déclare l'article 15 inapplicable aux Portes de Fer, on doit conclure de son silence que les marchandises ne peuvent être grevées d'une taxe quelconque.

Il est à espérer que la Hongrie se rendra aux nombreuses raisons invoquées contre elle et n'ajoutera pas une nouvelle illégalité à celles qui ont arrêté si longtemps l'essor de la navigation fluviale (1).

Telle est la position qu'a prise l'Autriche-Hongrie aux Portes de Fer, situation contraire aux règles ordinaires du droit international et contre laquelle la Roumanie, au nom de ses droits de souveraineté territoriale, ne cesse, avec raison, de protester. Ce sont les mêmes protestations que nous allons entendre dans la question suivante, protestations au nom du droit et de l'équité contre la situation faite à la Roumanie par le traité de 1883.

SECTION II. — La question roumaine et le traité de Londres.

Nous examinerons cette question surtout au point de

(1) V. aussi un nouvel article de l'*Indépendance roumaine,* du 19 avril 1899, sur les « droits de péage aux Portes de Fer ». Aux protestations que l'article précédent avait signalées, s'en sont jointes de nouvelles, émanées de la Société bavaroise de navigation sur le Danube, de la Bourse des céréales et du club des industriels de Vienne. Tous s'accordent à reconnaître que les nouveaux droits sont exagérés et que leur mise en vigueur est trop précipitée, en sorte que les industriels dont les marchés sont conclus et non encore exécutés, vont subir une perte sèche considérable par suite de l'augmentation du prix du fret. Les Viennois se plaignent particulièrement de ces taxes, parce qu'ils reçoivent de grandes quantités de céréales roumaines et qu'ils craignent que l'augmentation des prix n'amène la hausse des salaires. Enfin, ils les trouvent maladroites parce que le commerce entre la Roumanie et l'Allemagne du sud, au lieu de se faire par le Danube, se fera par mer, le fret maritime entre la Roumanie et l'Allemagne étant très inférieur au fret fluvial, avec les nouvelles taxes.

vue des principes et en montrant combien le traité de Londres s'en est écarté.

Et d'abord, quelle est, au point de vue international, la situation de l'État roumain ? Il n'est pas nécessaire, pour répondre à cette question, de remonter bien loin : la Roumanie est un des plus jeunes États de l'Europe. C'est en 1878 qu'il fut créé par le traité de Berlin, par suite de l'union des provinces de Moldavie et de Valachie. L'article 43 de l'acte final est véritablement l'acte de naissance du jeune royaume. « Les Hautes Parties contractantes, dit-il, reconnaissent l'indépendance de la Roumanie. » Les hautes parties contractantes sont précisément le concert européen, les mêmes grandes puissances qui, par le traité de Londres, ont semblé renier leur œuvre.

La Roumanie est déclarée indépendante, c'est-à-dire qu'elle est affranchie du joug ottoman, qu'elle jouit de toutes les prérogatives des États souverains et doit être traitée par eux sur le pied d'égalité. Elle doit participer à tous les avantages de la souveraineté, puisqu'elle en supporte aussi les charges ; elle est responsable d'elle-même et supporte seule le poids de ses fautes. Au nom de quelle justice lui imposerait-on une volonté qui n'est pas la sienne et des actes qu'elle n'a pas consentis ?

La Roumanie, depuis 1878, est donc un État indépendant, souverain, ayant droit au respect que se doivent les États entre eux et pouvant traiter avec tous sans contrôle et d'égal à égal. Si nous appliquons ces idées à la question danubienne, les résultats sont les suivants : la Roumanie, au double titre de riveraine et d'État souverain, jouit d'une parfaite égalité dans ses rapports avec ses co-riverains indépendants, même avec l'Autriche. De ce double caractère de riverain et de souverain, il s'ensuit qu'elle jouit de plein droit de la liberté de navigation, comme elle en jouissait d'ailleurs avant, en vertu du traité de 1856.

Il s'ensuit de plus qu'elle a le droit de faire partie des organes de la communauté soit internationale soit riveraine, s'il en est établi une. L'article 108 du traité de Vienne décide en effet que « les Puissances, dont les États sont séparés ou traversés par une même rivière navigable, s'engagent à régler d'un commun accord tout ce qui a rapport à la navigation de cette rivière » et l'article 116 ajoute que les mêmes États pourvoieront d'une manière convenable et adaptée aux circonstances et aux localités à l'exécution du règlement ainsi élaboré. Donc la Roumanie, en tant qu'État riverain du Danube et indépendant, doit participer à l'élaboration de ce règlement et à son exécution. Ce qui revient à dire, en vertu des traités de 1856, 1878 et 1882, qu'elle doit être représentée dans la Commission européenne et qu'elle devrait l'être dans la commission riveraine, si elle était rétablie. C'est d'ailleurs ce que le traité de Berlin a admis. Donc, faculté de prendre part aux commissions. Mais ce n'est pas tout ; elle doit encore avoir la faculté de participer à l'élaboration des traités, toujours en vertu de l'article 108 du traité de Vienne, sinon l'accord dont il parle n'existerait plus et le traité ainsi fait ne serait pas opposable au riverain qui n'y a pas participé. Cette participation doit même être égale à celle des autres riverains, c'est-à-dire que la Roumanie doit avoir une voix délibérative et non seulement consultative. Elle ne doit pas être appelée à donner simplement son avis, mais bien son consentement. Le traité fait sans son assentiment ne lui serait pas opposable, en vertu de son droit à l'indépendance et de cette règle du droit contractuel qu'un contrat (et les traités sont bien des contrats) ne produit d'effet qu'*inter partes*.

Si un traité, auquel un État indépendant n'a pas pris part, ne lui est pas opposable, *a fortiori* ne doit-il pas l'être quand, son consentement étant nécessaire, il l'a refusé et qu'il a déclaré par avance que les décisions y contenues ne lui seraient pas applicables. Il ne peut dans ce cas être procédé à l'exécution du traité et on aboutit au résultat même qu'on voulait éviter en écartant des délibérations l'État opposant, par crainte de son veto.

En résumé, un État indépendant doit être traité par les autres États indépendants sur le pied d'égalité ; on ne peut le tenir en tutelle, ni lui imposer une règle de conduite sans son consentement. Ces principes n'ont pas été intégralement respectés vis-à-vis de la Roumanie et c'est de là qu'est née une question roumaine du Danube.

Le traité de Berlin, après avoir proclamé l'indépendance de la Roumanie, la soumet à des changements territoriaux. Par la cession de la Bessarabie à la Russie, la branche de Kilia devient la séparation entre cet État et la Roumanie, au lieu d'être, comme avant, tout entière en Roumanie (art. 45). Par contre, celle-ci acquiert de nouveaux et importants territoires. La rive gauche du Danube lui appartenait déjà, depuis Orsova jusqu'à la mer ; elle la conserve et acquiert en outre 150 kilomètres de la rive droite, en sorte que, depuis Silistrie, le Danube se trouve tout entier sur territoire roumain (art. 46). A raison des intérêts considérables qu'une telle étendue de rives lui crée, le traité de 1878 n'hésita pas à lui reconnaître le droit d'être représentée dans la Commission européenne (art. 53), et c'était justice (1) ; il ne pouvait davantage lui refuser de participer à l'élaboration des règlements applicables entre les Portes de Fer et Galatz (art. 55).

Jusqu'ici les droits de la Roumanie ont été respectés. Il semble que l'Europe, une fois cette partie de ses devoirs accomplie, se soit cru libérée de toute autre obligation et ait pensé pouvoir s'affranchir des règles de droit commun, en ce qui concerne le démembrement des États. D'après ces règles, les charges imposées à

(1) Il convient de remarquer ici que le même droit n'a pas été reconnu à la Serbie, bien qu'elle fût également indépendante et riveraine et malgré sa demande d'être représentée. S'il était juste que la Roumanie fût admise dans le sein de la Commission européenne, il ne le serait pas moins que la Serbie le fût aussi. C'est une exception fondée uniquement sur l'arbitraire.

l'État démembré par la partie de son territoire qui en est distraite, passent au nouvel État en tout ou en partie. Or d'après le traité de 1871, comme on l'a vu plus haut, les travaux des Portes de Fer étaient confiés à l'Autriche et à la Turquie conjointement. Donc, la Turquie cessant, en vertu du traité de 1878, d'être riveraine de cette partie du Danube, ses obligations devaient passer à la Roumanie. C'est ce qui n'eut pas lieu, comme on le sait.

Telle était la situation au lendemain du traité de Berlin. Le jeune royaume eut encore consenti à la supporter, mais, ce qu'il ne put admettre, c'est le résultat de la Conférence de Londres.

L'objet de la Conférence de Londres était la prolongation des pouvoirs de la Commission européenne et son extension jusqu'à Braïla ; elle devait sanctionner aussi le règlement élaboré pour la section du Danube comprise entre les Portes de Fer et Galatz, en vertu de l'article 55 du traité de Berlin.

Dans ces conditions et pour les raisons de droit exposées plus haut, il n'était que juste que la Roumanie fût représentée à la Conférence, d'autant plus qu'elle était déjà représentée au sein de la Commission européenne et qu'elle avait pris part à l'élaboration du règlement. Elle demanda donc d'être admise au nombre des Puissances délibérantes et s'appuyait pour cela sur l'article 53 du traité de Berlin, sur ses intérêts exceptionnels et sur le protocole du Congrès d'Aix-la-Chapelle du

15 novembre 1818. Elle y ajoutait des arguments de fait, tels que sa participation aux commissions et sa collaboration aux actes de navigation.

Le comte Granville, président de la Conférence, fut seul d'avis de l'admettre sur le pied d'égalité, et encore se rangea-t-il, dans la suite, à l'avis de la majorité qui fut de n'admettre la Roumanie qu'avec voix consultative. La première raison alléguée est qu'il serait dangereux de recevoir la Roumanie au sein d'une conférence des grandes Puissances européennes, auxquelles, grâce à sa voix, elle pourrait faire échec. Mauvais calcul, puisque la Roumanie avait déjà refusé de signer le règlement en discussion et qu'il n'était par conséquent pas applicable. On aurait, au contraire, dû l'admettre, dans l'espoir de la ramener à de meilleurs sentiments ou de lui faire les concessions nécessaires à une entente toujours plus profitable qu'un refus complet. Le comte de Munster, plénipotentiaire d'Allemagne, se fit le défenseur de cette mauvaise raison.

Il en fut allégué une autre, non moins mauvaise, d'après laquelle la Conférence de Londres ne serait qu'une prolongation du Congrès de Berlin. Or la Roumanie, n'ayant pas participé à ce Congrès comme signataire, ne devait pas davantage être admise à la Conférence de Londres. De tels motifs prouvent combien la cause était mauvaise. La Conférence de 1883 ne pouvait pas, à proprement parler, être considérée comme une prolongation du Congrès de Berlin. Le traité de 1878 prévoyait bien la réunion d'une Conférence, mais l'objet immédiat et principal du Congrès était tout différent de celui de la réunion de Londres. L'un avait pour but de réaliser la paix après la guerre d'Orient de 1877, l'autre n'avait en vue que la Commission européenne du Danube, dont le premier ne s'était occupé que très incidemment. Enfin et surtout, si la Roumanie n'avait pas participé comme signataire au traité de paix de 1878, c'est uniquement parce qu'à cette époque, elle n'était pas indépendante ni souveraine et ne pouvait par suite apposer sa signature au bas d'un acte européen. Mais en 1883, la situation était bien changée ; la Roumanie, indépendante, pouvait participer aux travaux des grandes Puissances, faire respecter les droits dont elle avait été dotée, résister à toute tentative d'empiétement, faire entendre sa voix au sein des délibérations et à l'heure du vote ; à elle seule appartenait la défense de ses droits.

La Roumanie ne fut donc pas admise avec voix délibérative. En présence de ce refus, elle n'accepta pas de participer à la Conférence et déclara faire toutes ses réserves au sujet des décisions à intervenir.

Que résulte-t-il de cette exclusion ? Il en résulte que le traité de 1883 est valable seulement en ce qui ne touche pas à la Roumanie. Les dispositions du traité qui modifient les droits et pouvoirs du royaume ne sont pas applicables, non plus que celle qui modifient l'acte additionnel du 28 mai 1881.

Au nombre de ces dispositions inapplicables et sans

valeur il faut comprendre l'article 1er du traité qui étend les pouvoirs de la Commission européenne de Galatz à Braïla. C'est, en effet, une dépossession, un démembrement de la souveraineté qu'on ne peut imposer à un État indépendant sans son consentement. La section du fleuve comprise entre Galatz et Braïla dépend, depuis 1878, uniquement des autorités roumaines, de quel droit les remplace-t-on par la communauté européenne?

L'article 5 du traité de Londres n'est pas davantage applicable à la Roumanie, en tant qu'il limite le droit de souveraineté que l'article 3 lui a rendu en décidant que la Commission européenne n'exercerait plus de contrôle effectif sur le bras de Kilia.

Mais ce ne sont là que des points de détail sur lesquels la Roumanie, bien que son droit soit incontestable, cède volontiers en fait. Nous verrons en effet, à propos de la Commission européenne et du régime du Bas-Danube, que le Gouvernement roumain ne s'oppose que très rarement à la compétence de la Commission entre Galatz et Braïla et, si quelque conflit s'élève entre les deux autorités territoriale et internationale, on n'a pas d'exemple que la première n'ait fini par céder.

Mais il reste un point sur lequel le Gouvernement roumain est irréductible. La Conférence de 1883 avait pour objet d'approuver le règlement élaboré en vertu de l'article 55 du traité de Berlin. Or ce règlement, comme on l'a vu plus haut, n'a pas été signé par la Roumanie. L'article 7 du traité de Londres le déclare cependant applicable ; il ne faut voir là que l'expression d'un vœu. La Conférence a espéré que la Roumanie finirait par l'accepter et a introduit cette disposition pour le cas où cette acceptation interviendrait (1). Mais à l'heure actuelle, la Roumanie a toujours refusé de le signer, et la Commission européenne a décidé qu'il ne pouvait être mis à exécution sans le consentement de cet État. Il est donc toujours lettre morte.

C'est ici que se concentre tout l'intérêt de la question roumaine, et c'est de ce sujet, presque uniquement, que tous les auteurs qui ont pris parti dans cette affaire se sont occupés.

On l'a vu plus haut, la Roumanie accepte les titres I et II du règlement du 2 juin 1882, mais elle repousse absolument le titre III sur la surveillance et l'exécution des règlements.

Le titre III confie à une commission, dite mixte, l'exécution des règlements contenus dans les titres I et II. Cette commission se compose des délégués de la Bulgarie, de la Roumanie, de la Serbie et de l'Autriche-Hongrie. Elle est présidée par le délégué autrichien. Enfin elle comprend encore un membre de la Commission européenne, désigné, pour une période de six mois, par ordre alphabétique des États, en excluant de ce roulement ceux qui sont déjà représentés à la commission mixte : l'Autriche et la Roumanie (art. 96). Ses pou-

(1) Cf. Engelhardt, *Revue de droit international*, 1883, p. 344-347.

voirs ont une durée égale à ceux de la Commission européenne ; elle ne peut lui survivre (art. 97). Elle a deux sessions par an. Elle est compétente en toutes matières ; pourtant, elle doit soumettre son règlement intérieur et les instructions d'un caractère général à la Commission européenne qui peut s'opposer à leur application (art. 98). Les agents de la commission sont : un inspecteur, des sous-inspecteurs, des capitaines de port, un secrétaire et des agents subalternes. Ils exercent leurs attributions sous les ordres de la commission mixte. L'inspecteur, le secrétaire et les agents subalternes sont nommés et rétribués par elle ; elle peut les révoquer à son gré. Les sous-inspecteurs et capitaines de port, au contraire, sont nommés et rétribués par les États riverains respectifs qui, seuls, peuvent les révoquer (art. 100 et 101). L'article 103 du règlement de 1882 divise le fleuve, entre les Portes de Fer et Braïla, suivant le mode réclamé par la Roumanie, c'est-à-dire suivant le cours du fleuve et non perpendiculairement à lui : la rive gauche comprend quatre sections d'inspection ; la rive droite, trois seulement. Enfin, d'après l'article 106, les sous-inspecteurs et capitaines de port exercent les fonctions judiciaires, en premier ressort ; la commission mixte est saisie de l'appel sur leurs jugements.

Pour quels motifs la Roumanie refuse-t-elle d'accepter ces dispositions (1) ?

(1) V. dans une lettre de M. Stourdza à M. Ghika, ministre de Rouma-

La Roumanie prétend que la police fluviale sur les eaux territoriales d'un État est un droit découlant de la souveraineté et qu'il doit appartenir au riverain seul. Or le règlement de 1882, dans son titre III, charge de la surveillance et de la police une commission mixte dont fait partie l'Autriche-Hongrie et un membre de la Commission européenne. La Roumanie eût admis à la rigueur l'existence de cette commission mixte, mais elle ne veut lui reconnaître qu'un droit de haute surveillance, soit la surveillance des riverains eux-mêmes qui procéderont seuls à l'exécution des règlements.

A cette argumentation, M. Strisower répond que le droit de police n'appartient pas nécessairement aux riverains et s'appuie pour le prouver sur l'article 116 du traité de Vienne, d'après lequel « les riverains pourvoient à l'exécution des règlements d'une manière convenable et appropriée aux circonstances et aux localités ». Et il en déduit que, si la manière convenable et appropriée est la formation d'une commission, les riverains doivent l'admettre. Jusque-là nous partageons absolument son avis ; mais où nous l'abandonnons, c'est quand il pousse son adaptation du traité de Vienne à un cas très spécial et qui déroge à son esprit, savoir le sectionnement du Danube. De l'article 116, il conclut que tous les riverains, même l'Autriche, peuvent prendre part à cette commission. C'est très exact dans le

nie à Londres, du 24 mai 1883, toute l'argumentation du Gouvernement roumain.

sens du traité de 1815, mais la situation du Danube est tout autre. Il faut considérer chaque section du fleuve comme une partie distincte du tout ; c'est d'ailleurs l'opinion de l'Autriche, en ce qui concerne le Danube supérieur. Comment se fait-il qu'elle change d'avis quand il s'agit du Danube moyen ? Donc, si l'on considère chaque section du fleuve comme une partie distincte, l'article 116 signifie seulement, et c'est là tout l'enseignement qu'il en faut tirer pour le cas présent, que les riverains de cette section doivent faire partie de la commission s'il en est institué une (1). Et cette solution-là, la Roumanie l'admet volontiers, elle n'en demande pas davantage ; elle veut seulement que le droit de surveillance soit laissé aux riverains, même à une commission de riverains, car c'est une attribution de la souveraineté, restée intacte aussi longtemps qu'un texte n'y déroge pas. C'est aussi l'opinion de Holtzendorff(2) qu'un État ne peut se voir imposer de restriction territoriale par la volonté des autres puissances ou par leur majorité.

La Roumanie admet donc le principe d'une commission de surveillance ; mais ce qu'elle refuse énergiquement, c'est que l'Autriche-Hongrie y soit représentée au même titre que les États riverains, en vertu d'un droit qui lui serait propre. Pour justifier ce droit, les

(1) Cf. Strisower, *Die Donaufrage,* dans *Zeitschrift für das Privat und öffentliche Recht der Gegenwart*, 1884.

(2) *Droits riverains de la Roumanie sur le Danube.*

défenseurs de la politique austro-hongroise invoquent les intérêts prépondérants de cette Puissance sur le fleuve, la supériorité incontestable de son trafic et les dangers qu'il y aurait pour elle à se voir tenue en échec par trois États d'importance minime, les derniers venus au sein de la société européenne, dont l'un n'est même pas souverain (1).

Il est inutile de faire remarquer que ces arguments n'ont rien de juridique, ce sont de pures questions de fait, d'une importance relative dans le débat. D'ailleurs ils ne portent pas, car la Roumanie (et les auteurs autrichiens eux-mêmes le reconnaissent) faisant preuve d'un grand esprit de conciliation, ne réclame pas l'exclusion absolue de l'Autriche, elle admet la participation de cette Puissance à la commission mixte, elle va même jusqu'à lui accorder la présidence perpétuelle à laquelle elle semble si attachée; mais elle met à ceci une condition, c'est que l'Autriche-Hongrie ne jouira de cette égalité de droits avec les riverains, qu'en vertu d'un mandat de l'Europe et, sur ce point, elle est irréductible.

Forte de son droit et soutenue par la majorité des auteurs (2), elle entend ne pas céder. Elle a dû déjà résister à de nombreuses pressions diplomatiques ve-

(1) Strisower, *Die Donaufrage*, *loc. cit.*

(2) Holtzendorff, Geffcken, Dahn, Catellani, Bunsen, d'Avril, Engelhardt, Blociszewski et beaucoup d'autres se sont prononcés en faveur de la Roumanie. Seuls, deux auteurs autrichiens, Jellinek et Strisower soutiennent leur patrie.

nues d'abord d'Autriche, puis de France et d'Angleterre (1). On semble aujourd'hui avoir renoncé à ce moyen qui n'a donné aucun résultat. L'Autriche comprend enfin qu'elle a en face d'elle un État avec lequel il faut compter et que le seul moyen d'arriver à une solution est de s'entendre et non d'empiéter (2). C'est la voie dans laquelle paraît entrer le gouvernement austro-hongrois ; ses rapports avec le gouvernement roumain deviennent plus intimes, et, comprenant mieux les avantages qu'il tirerait d'une entente, il abandonnera peut-être les prétentions excessives qui l'ont fait échouer jusqu'ici (3).

Quelles sont les conséquences de ce conflit austro-roumain ? Elles se ramènent en réalité à une seule : le traité de 1883 n'est exécuté qu'en partie. La Roumanie ne s'oppose pas en effet au traité de Londres, elle s'oppose seulement au règlement du 2 juin 1882 et c'est parce qu'elle refuse de le signer, qu'il n'est pas applicable. Seul l'article 7 du traité de 1883 reste donc en fait lettre morte ; mais c'est justement la clause capitale, celle qui devait doter le Danube moyen d'une organisation complète. En sorte que les effets de la Conférence de Londres sont restés médiocres.

En présence de ce défaut d'organisation, quel est le

(1) V. Bunsen, *R. D. I.*, 1884, p. 553-554.

(2) Cf. Geffcken, *loc. cit.*, p. 58.

(3) Cf. Blociszewski, *Le canal des Portes de Fer*, p. 124 et *Contrà*, Carathéodory, *Stromgebietsrecht, die Donau*, note 15.

régime actuel de cette partie du fleuve? C'est évidemment la liberté de navigation comme pour toutes les autres; mais c'est aussi l'absence complète de communauté et d'entente. Chacun des États reste maître, sur ses rives, d'établir les règlements qui lui conviennent, d'organiser la police comme il lui plaît, d'administrer en un mot le cours du fleuve suivant les règles qui lui semblent le plus avantageuses pour lui. Il s'ensuit que le navire qui parcourt le Danube moyen, se trouve aux prises avec les plus grosses difficultés, soumis tantôt aux autorités roumaines, tantôt aux autorités bulgares ou serbes, suivant qu'il aborde sur l'une ou sur l'autre rive, soumis tantôt à un règlement, tantôt à un autre, suivant la position qu'il occupe par rapport au thalweg.

C'est là, évidemment, une situation regrettable, contraire aux traités de Vienne et de Paris et que toutes les Puissances européennes sont intéressées à voir disparaître au plus tôt. Malheureusement on n'entrevoit pas encore d'une manière distincte l'issue du conflit, et pourtant, puisque l'acte de 1882 n'est pas applicable, il faudra bien le remplacer ou au moins le modifier. Les solutions sont nombreuses, la difficulté est seulement de choisir celle qui ralliera tous les suffrages et s'écartera le moins des principes.

Dans la circonstance actuelle, la solution la plus simple serait que l'Autriche cédât enfin et n'exigeât pas autre chose que de siéger dans la commission mixte en vertu d'un mandat de l'Europe. Que lui importe, au fond, de siéger à un titre ou à un autre, l'important n'est-il pas pour elle d'avoir une voix? Il est à redouter pourtant que l'Autriche n'accepte pas cette combinaison ; sa soumission serait trop évidente.

Les autres solutions possibles sont : 1° l'abandon à la Commission européenne, de la surveillance de cette section du fleuve ; personne ne pourrait s'en plaindre ; 2° l'extension de la Commission européenne jusqu'aux Portes de Fer, ce qui ramènerait l'unité sur la plus grande partie du Danube ; mais il est à craindre que la Roumanie ne l'accepte pas ; 3° adopter la solution prévue par le traité de Vienne : établir une commission riveraine pour tout le fleuve, comme sur le Rhin. C'est évidemment le système le plus conforme aux principes, mais il a également peu de chances de réussir, car il entraînerait la disparition de la Commission européenne ; 4° conserver la Commission européenne pour le Danube maritime et instituer une commission riveraine pour le reste du fleuve. Ce serait encore une excellente mesure, pourvu que les deux commissions soient animées d'un certain esprit d'entente qui permettrait l'uniformité. Cependant il est peu probable que l'Autriche consente à abandonner le Danube supérieur (1).

C'est probablement à l'une de ces solutions qu'on

(1) V. Geffcken, *loc. cit.*, p. 60-62.

aboutira tôt ou tard, mais on aura soin de ne toucher qu'au titre III du règlement ; les deux autres ont été acceptés par toutes les Puissances et forment véritablement l'application la plus complète et la plus libérale des principes de la législation fluviale.

Sur les deux sections d'amont du Danube, nous n'avons donc trouvé aucune application des principes du droit fluvial international. Quelques tentatives ont été faites, aucune n'a abouti. C'est seulement sur le Bas-Danube que nous allons enfin voir une organisation commune et complète, une véritable communauté, une liberté absolue et une autorité respectée.

CHAPITRE III

LE BAS DANUBE.

Le Bas-Danube ou Danube maritime s'étend, depuis 1883, de Braïla à la mer. On sait que le traité de Paris n'y comprenait que la partie située entre Isatcha et les embouchures et que le traité de Berlin y ajouta celle comprise entre Isatcha et Galatz. Le Bas-Danube comprend donc une partie du fleuve même, depuis Braïla jusqu'au point où il se divise (Tchatal d'Ismaïl) et ses trois embouchures : l'embouchure de Kilia au Nord, l'embouchure de Soulina au milieu et celle de Saint-Georges au Sud.

Cette partie du fleuve se distingue des précédentes, au point de vue international, par son organisation parfaite. C'est cette organisation, connue sous le nom de Commission européenne, que nous étudierons tout d'abord ; nous verrons ensuite le régime du Bas-Danube sous l'administration de la Commission.

SECTION I. — La Commission européenne (1).

La Commission européenne du Danube a été créée

(1) J'adresse ici l'expression de ma vive gratitude à M. Paillard Ducléré, le distingué représentant de la France à la Commission européenne du Danube,

par l'article 16 du traité de Paris de 1856. Cet article portait qu' « une commission, dans laquelle chacune des sept Puissances signataires du traité serait représentée par un délégué, serait chargée de désigner et de faire exécuter les travaux nécessaires, depuis Isatcha, pour dégager les embouchures du Danube ainsi que les parties de la mer y avoisinantes, des sables et autres obstacles qui les obstruaient, afin de mettre cette partie du fleuve et les dites parties de la mer dans les meilleures conditions de navigabilité. — Pour couvrir les frais de ces travaux ainsi que des établissements ayant pour objet d'assurer et de faciliter la navigation aux bouches du Danube, des droits fixes, d'un taux convenable, arrêtés par la Commission à la majorité des voix, pourront être prélevés, à la condition expresse que, sous ce rapport comme sous tous les autres, les pavillons de toutes les nations seront traités sur le pied d'égalité ».

En vertu de cet article, la France, l'Autriche, l'Angleterre, la Russie, la Sardaigne, la Prusse et la Turquie nommèrent leurs délégués qui se réunirent le 4 novembre 1856, après avoir choisi Galatz comme siège de la Commission. Depuis lors, elle n'a cessé de fonctionner régulièrement.

Dès le début, elle se signale par sa composition. On voit en effet que, contrairement aux principes de Vienne, cette Commission n'est pas formée uniquement des ri-

à l'obligeance duquel je dois de nombreux documents et des renseignements précieux sur la Commission.

verains ; bien mieux, tous les riverains n'y sont pas représentés puisque la Bavière et le Wurtemberg n'ont pas participé au traité de Paris. C'est là une conséquence du fait que la Commission européenne ne devait avoir, à son origine, qu'une durée éphémère, un but très précis et restreint en dehors duquel elle n'avait aucun pouvoir. Son but, on l'a vu, est de désigner et de faire exécuter les travaux entre Isatcha et la mer Noire et, s'il le faut, établir des droits pour faire face aux dépenses. En dehors de cela, elle n'a aucune attribution. Elle n'est pas seule en effet ; à ses côtés, siège une commission riveraine, organisée d'après les principes de 1815, composée de tous les riverains et d'eux seuls: Autriche, Bavière, Turquie, Wurtemberg et les trois principautés danubiennes (art. 17). Cette commission riveraine a des pouvoirs beaucoup plus étendus ; elle est la représentation de la communauté fluviale : elle agit sur le fleuve tout entier, le réglemente, y exécute des travaux et elle est permanente. Aussi succédera-t-elle à la Commission européenne qui doit disparaître après deux ans (art. 18).

Les négociateurs du traité de Paris avaient pensé que, dans cette courte période, la Commission européenne viendrait à bout de ses travaux ; ils avaient compté sans les difficultés de l'entreprise. Le domaine livré à son autorité comprenait les trois embouchures ; mais comme il fallait se hâter, il s'agissait de choisir celle qui se prêtait le mieux aux travaux, qui serait le plus tôt en état de navigabilité. Or, pour faire un choix éclairé, il était nécessaire de se livrer à une étude approfondie des trois embouchures (1). Ce fut la mission de l'ingénieur en chef. Ses instructions lui recommandaient de porter son choix sur la branche, à l'embouchure de laquelle il serait possible de maintenir sur la barre la plus grande profondeur, tout en offrant le meilleur port et les plus grands avantages à la navigation. Son rapport fut présenté le 17 octobre 1857 ; il concluait en faveur de l'embouchure de Soulina sans cependant mettre les autres à l'écart. Il s'agissait seulement, avons-nous dit, de pourvoir au plus pressé, après quoi, on verrait si l'une des autres branches ne serait pas, en définitive, plus favorable. Telle était la mission que lui avait confiée le traité de Paris.

Un fait imprévu allait modifier presque complètement son caractère et ses attributions : c'est la disparition de la commission riveraine. On sait qu'elle présenta, en 1858, un projet de règlement qui fut rejeté et que, depuis lors, elle ne s'est jamais réunie et a cessé d'exister à partir de 1878. Voilà donc, en fait, la commission permanente dissoute. Comment aurait-elle pu recueillir la succession de la Commission européenne ? Aussi la Conférence de 1858 décida-t-elle que celle-ci ne prendrait fin que d'un commun accord quand les travaux énoncés à l'article 16 seraient terminés.

(1) V. pour les détails, l'ouvrage de M. Voisin Bey, *Notice sur les travaux d'amélioration du Danube et du bras de Soulina*, 1893.

Elle se remit à l'œuvre. Dès la même année, des travaux provisoires étaient entrepris sur l'embouchure de Soulina, mais les hésitations étaient toujours les mêmes quant au choix définitif. L'embouchure de Saint-Georges avait de nombreux partisans (1) ; il fut même décidé à l'unanimité qu'on s'arrêterait à son choix. Mais, en 1860, on convenait d'ajourner les travaux, jusqu'à ce que les effets favorables de l'amélioration provisoire de Soulina fussent connus. Enfin, le 2 novembre 1865, les heureux résultats s'étant fait sentir, il fut admis que les travaux provisoires de Soulina seraient convertis en ouvrages permanents. L'embouchure de Saint-Georges n'était pas abandonnée, mais la Soulina définitivement adoptée.

En même temps, et c'est là le fait le plus notable, la Commission européenne étendait, *proprio motu*, ses pouvoirs. En l'absence de la commission riveraine, qui était chargée d'établir des règlements de navigation pour tout le cours du fleuve et en présence de la nécessité de réglementer la navigation sans cesse grandissante du Bas-Danube, la Commission européenne élabora un Acte public sur la police des embouchures, le 2 novembre

(1) L'embouchure la plus importante par la profondeur et la largeur de son lit est la Kilia qui verse à la mer 66 0/0 du volume total du fleuve, tandis que la Soulina n'y verse que 7 0/0 et la Saint-Georges 27 0/0. L'inconvénient de la première embouchure était que sa barre est située assez loin en mer, d'où de grosses difficultés pour la faire disparaître. Celle de Soulina était au contraire très près de la côte ; mais la Saint-Georges se recommandait par la régularité de son cours et sa profondeur.

1865. A partir de ce jour, la Commission n'est plus seulement une autorité en quelque sorte technique, elle devient une représentation des grandes Puissances, douée d'un certain pouvoir législatif et exécutif.

Allait-on lui reconnaître ces pouvoirs ? L'occasion se présenta bientôt de le faire. Une Conférence se réunit, en 1866, à Paris, au sujet des Principautés danubiennes. Dans sa première séance (1), elle fut unanime à accepter le règlement du 2 novembre ; elle reconnaissait, par là même, le droit de la Commission d'élaborer des règlements et de les faire exécuter et lui accordait tous les pouvoirs dont elle s'était elle-même gratifiée. Enfin, on s'occupa de la situation de la Commission. Son existence était toujours précaire. Quand mettrait-on fin à ses pouvoirs ; était-il opportun de les prolonger ?

La question fut vite résolue. Après quelques discussions sur la durée de la prorogation, le principe ayant été admis dès le début, il fut décidé que la Commission européenne continuerait à fonctionner pendant cinq ans (2), temps jugé approximativement nécessaire pour terminer les travaux prévus par le traité de Paris.

Cette période de cinq années venant à expiration le 24 avril 1871, le traité de Londres renouvela les pouvoirs de la Commission pour douze années, c'est-à-dire jusqu'au 24 avril 1883, date fixée pour le remboursement des emprunts contractés depuis 1858. Le traité de Lon-

(1) Séance du 28 mars 1866.
(2) Séance du 24 avril 1866.

dres apportait aussi une modification à la Commission européenne, en lui accordant le bénéfice de la neutralité que le règlement de 1865, article 21, lui avait déjà reconnu (1).

Cette période de douze années ne devait pas se passer sans faits nouveaux. La guerre d'Orient amena le Congrès de Berlin qui ne pouvait passer la Commission du Danube sous silence. Il apporta même à ses pouvoirs de nombreuses modifications. L'article 53 de l'Acte final décida que la compétence de la Commission serait étendue d'Isatcha à Galatz qui marque mieux la limite entre la navigation fluviale et la navigation maritime. L'article 54 prévoit l'expiration des pouvoirs de la Commission et semble vouloir éviter qu'elle disparaisse ; dans ce but, un an avant l'arrivée du terme fixé par le traité de 1871, les Puissances se mettront d'accord sur la prolongation de ses pouvoirs ou sur les modifications à y introduire. On s'attache de plus en plus à la Commission, on tient à la voir subsister ; elle a une tendance à devenir permanente, d'éphémère qu'elle était. Elle est donc assurée de survivre à l'année 1883. En même temps que cette assurance, elle reçoit de nouveaux pouvoirs.

L'article 55 lui reconnaît un certain droit de réglementation sur le Danube moyen, des Portes de Fer à Galatz. Ce droit n'est pas exclusif, elle l'exerce concurremment avec les délégués des États riverains de cette

(1) V. *suprà*, p. 117 et 118.

partie du fleuve : mais ce n'en est pas moins une large extension des pouvoirs administratifs de la Commission; son activité ne se borne plus seulement au Danube maritime, elle s'étend jusqu'aux Portes de Fer. On sait déjà que le règlement du 2 juin 1882, sorti de cette collaboration des riverains et de la Commission et sanctionné par le traité de Londres, n'a pas été accepté par la Roumanie et n'est pas exécutoire, de sorte qu'en fait, l'article 55 du traité de Berlin n'a pas porté ses fruit

Enfin, dernière modification, la Roumanie est admise au nombre des Puissances représentées dans la Commission européenne (art. 53).

Ce n'est pas encore l'état actuel de la Commission. Le traité de Londres du 10 mars 1883 l'a modifiée encore une fois. Il a d'abord étendu sa juridiction de Galatz à Braïla (art. 1), et cette clause du traité donne lieu à conflits entre les autorités roumaines et la Commission. On se souvient en effet que la Roumanie, n'ayant pas été admise à la Conférence de Londres avec voix délibérative, refusa de signer le traité. En conséquence, elle ne reconnaît pas cette extension des pouvoirs de la Commission et la considère comme une violation de son indépendance territoriale. Elle continue donc d'exercer son autorité entre Galatz et Braïla, mais concurremment avec la Commission qui, de son côté, ne consent pas à céder. De là résultent entre les autorités roumaines et la Commission des conflits de compétence assez fréquents. Cependant il faut reconnaître qu'en fait, la

Roumanie a toujours cédé aux instances de la Commission et témoigne, en ceci encore, de son grand désir de conciliation.

La disposition la plus importante du traité de Londres concerne la durée des pouvoirs de la Commission européenne. L'article 2, alinéa 1, dispose que ses pouvoirs « sont prolongés pour une période de vingt et un ans à partir du 24 avril 1883 ». Cette prolongation, accordée, comme on l'a vu plus haut, presque sans résistance, puisque beaucoup de membres de la Conférence demandaient la permanence, a pour but de permettre à la Commission de mener à bonne fin les grands travaux qu'elle avait entrepris et dont nous allons bientôt nous occuper.

Outre ce délai fixe, l'article 2, alinéa 2, prévoit une prorogation à venir. La Commission a donné de tels résultats, qu'en 1883 déjà, on ne pouvait songer à la voir disparaître ; c'est pourquoi beaucoup de membres de la Conférence en demandèrent la permanence ; sur l'opposition des délégués d'Autriche et de Russie, le terme de 21 ans fut adopté. Seulement, pour bien marquer que ce n'était là qu'un minimum, il fut ajouté, qu'à l'arrivée de ce terme, les pouvoirs de la Commission seraient renouvelés par tacite reconduction de trois en trois ans. Les Hautes Parties contractantes conservent le droit de dénonciation un an avant l'expiration de chaque période triennale, dans le but d'introduire des modifications dans la constitution ou les pouvoirs de la Commission.

Nous n'avons assisté jusqu'ici qu'à des accroissements de la compétence et des pouvoirs de la Commission européenne. L'article 3 du traité de 1883 présente la première exception à cette marche ascendante. Les trois embouchures du Danube étaient toujours, depuis 1856, sous son autorité. Depuis 1865, il est vrai, elle ne s'occupait guère que du bras de Soulina, mais elle avait du moins réservé sa compétence sur le bras de St-Georges par l'article 3 de l'Acte public du 2 novembre 1865, ratifié le 28 mars de l'année suivante. Pareille réserve n'avait pas été faite en ce qui concerne le bras de Kilia ; le gouvernement russe en prit prétexte pour proposer à la Conférence de Londres de décider que cette embouchure lui ferait retour, attendu que les trois embouchures n'avaient été soumises à la Commission que pour lui permettre de faire son choix ; or, le choix étant fait depuis longtemps et le bras de Kilia ayant été écarté, il était légitime que la Russie fut remise en possession d'une « source de richesses dont la Providence l'avait dotée ».

Cette rétrocession fut consentie sous l'influence de certaines considérations. La Russie en faisait une condition de son consentement à la prorogation des pouvoirs de la Commission.

Le régime de cette embouchure est très spécial, en ce sens que la Commission y exerce un certain contrôle, quoiqu'elle ne dépende plus d'elle seule. La Kilia est située sur territoire roumain et sur territoire russe.

Lorsque les deux rives appartiennent au même souverain, la Commission européenne n'y a aucun pouvoir (1) ; mais sur les parties du bras de Kilia, situées à la fois sur territoire russe et sur territoire roumain, on appliquera les règlements en vigueur dans le bras de Soulina et cette application sera surveillée par les délégués de Russie et de Roumanie à la Commission européenne (2).

Cependant la Commission conserve un droit de contrôle sur les travaux que l'une ou l'autre puissance voudrait entreprendre en quelque partie du bras que ce soit. Les plans des travaux projetés doivent lui être présentés, dans le but de constater qu'ils ne nuisent pas à la navigabilité des autres bras (3).

Enfin, le gouvernement russe a la faculté d'établir, en compensation de ses frais de travaux, des péages dont les tarifs devront être communiqués aux gouvernements représentés dans la Commission européenne (4).

En somme, le bras de Kilia est soumis à un régime rien moins qu'uniforme ; certaines de ses parties appartiennent uniquement à la Russie, d'autres uniquement à la Roumanie, d'autres enfin sont communes et une certaine étendue du bras (20 milles à partir et en aval du confluent du Pruth) est sujette à discussion par

(1) Art. 3 du traité du 10 mars 1883.
(2) Art. 4 du traité du 10 mars 1883.
(3) Art. 5.
(4) Art. 6.

suite du défaut de délimitation précise. Tantôt la puissance territoriale est absolue, tantôt elle est en concours avec la Commission européenne : c'est là une situation bâtarde qui ne manquerait pas d'être l'occasion de nombreux conflits, si la Russie avait cherché à mettre en exploitation cette source naturelle de richesse. Mais jusqu'aujourd'hui, elle n'y a rien entrepris ; la navigation fluviale n'y aurait en effet que bien peu d'intérêt et les sommes qu'il faudrait dépenser pour mettre la Kilia en bon état de navigabilité ne seraient pas compensées par des avantages suffisants.

Cette embouchure est donc, à l'heure actuelle, dans le même état que si elle était restée sous l'autorité de la Commission et il est vraisemblable qu'elle continuera à être abandonnée.

Les prévisions alarmistes de Geffcken, au lendemain du traité de 1883, n'ont donc pas été confirmées par les faits et il faut s'en applaudir. Il voyait le commerce danubien, désertant la Soulina, se porter tout entier sur la Kilia, à la grande satisfaction de la Russie, mais pour la ruine de la Commission européenne (1).

En résumé, la Commission européenne exerce son autorité sur les embouchures de Soulina et de St-Georges et sur le cours du Danube jusqu'à Braïla. Elle se compose des délégués de France, d'Allemagne, d'Autriche-Hongrie, de Grande-Bretagne, d'Italie, de Russie, de Turquie et de Roumanie.

(1) Geffcken, *loc. cit.*, p. 44-45 et 55-57.

Examinons-la maintenant dans ses détails. Par quels caractères se distingue-t-elle ? Quel est son fonctionnement ? Quels sont ses pouvoirs ? Enfin quels résultats a-t-elle obtenus ?

La Commission européenne jouit de certains privilèges ; elle exerce ses droits et prérogatives dans une complète indépendance de l'autorité territoriale (1). Elle n'a donc aucun avis à prendre avant de se décider et ses décisions sont obligatoires et exécutoires par elles-mêmes sur tout le territoire qui lui est soumis, sans que la puissance territoriale puisse s'y opposer. On voit que les souverainetés riveraines subissent de ce fait de graves atteintes.

Elle est dotée de plus du bénéfice de la neutralité (2), c'est-à-dire qu'au cas où une guerre viendrait à éclater sur les territoires où elle est établie, les actes de belligérance ne devront pas l'atteindre. La Commission est considérée, ainsi que tout ce qui dépend d'elle, comme une puissance neutre ayant droit au respect des belligérants, pour elle, son territoire, sa propriété et ses sujets. La neutralité de la Commission entraîne donc le respect de ses travaux, établissements et ouvrages de toute nature, la sauvegarde de ses ressources pécuniaires et notamment la caisse de navigation de Soulina,

(1) Article 53 du traité de 1878 ; article 1er du règlement du 2 novembre 1865.

(2) Article 21 du règlement de 1865 ; article 7 du traité de 1871 ; article 8 de l'acte additionnel du 28 mai 1881.

enfin le respect de son personnel, tant administratif que technique. Dans le but d'assurer ce bénéfice de la neutralité, la Commission européenne n'est pas tenue d'arborer sur ses établissements et embarcations d'autre pavillon que le sien et son personnel peut être muni d'un signe distinctif consistant en un brassard portant, sur fond bleu, les lettres blanches C. E. D.

Enfin le principal privilège de la Commission, qu'on a pu pressentir par ce qui précède, est la personnalité. Elle est à proprement parler une personne morale du droit des gens et cette personnalité se traduit d'abord par cette indépendance que nous signalions à l'instant, par sa liberté d'action et de détermination. Elle s'extériorise au moyen d'un pavillon « composé de cinq bandes parallèles, perpendiculaires à la hampe, disposées dans l'ordre suivant : rouge, blanc, bleu, blanc, rouge, la bande bleue ayant une hauteur double de celle de chacune des autres bandes et portant, en blanc, les lettres C. E. D. ».

La personnalité de la Commission a pour conséquences qu'elle peut être propriétaire, acquérir à titre gratuit ou onéreux et même emprunter. En fait, elle est propriétaire de tous ses ouvrages et établissements, de biens meubles et immeubles : hôpital, phares, mobiliers, navires, dragues, etc. et d'un actif très considérable. La Commission a également contracté des emprunts, le premier, en 1858 et d'autres, depuis ; elle les a même remboursés et n'a plus de passif depuis le 30 juin 1887.

Le fonctionnement de la Commission est des plus simples. Elle agit tantôt par elle-même, tantôt par ses organes ; elle forme la plus haute autorité, c'est elle qui décide des questions importantes, fixe le budget, modifie les règlements. Dans ce but, elle se réunit deux fois par an en session ordinaire plénière, au mois de mai et au mois d'octobre. La présidence est exercée par tous les délégués, à tour de rôle, dans l'ordre alphabétique des Puissances qu'ils représentent; chacun l'exerce pendant la durée d'une session. Sur la demande de cinq délégués, il peut y avoir des sessions extraordinaires. La Commission, réunie en Plenum, délibère et prend ses décisions tantôt à la majorité des voix, tantôt à l'unanimité. L'unanimité est requise pour les questions de fond ; la majorité suffit pour toutes les questions d'administration et de tarif.

Dans l'intervalle des sessions et pour les questions qui n'ont pas été tranchées en Plenum, de même qu'en cas d'urgence, l'autorité est dévolue à un comité exécutif qui tantôt agit de sa propre autorité, tantôt doit consulter les délégués avant de se prononcer, le tout, suivant l'importance des questions. Le comité exécutif est en réalité le pouvoir exécutif, l'agent le plus élevé de la Commission, il agit en son nom, dirige les affaires courantes, surveille l'exécution des décisions du Plenum et signe toutes les pièces ; enfin il prépare le projet de budget, lequel doit être voté dans la réunion ordinaire de l'automne de l'année précédente. Deux membres du comité exécutif sont délégués, l'un à l'administration, l'autre aux finances.

La Commission, réunie en session et le comité exécutif sont en somme les deux hautes autorités. Quels sont leurs agents? Ils sont très nombreux : personnel technique, personnel administratif, employés, ouvriers, surveillants, etc. En ce qui concerne la surveillance de l'exécution des règlements de police et de navigation, elle est confiée à un « Inspecteur de la navigation du Bas Danube », dont l'autorité s'étend depuis Braïla jusqu'à Soulina exclusivement; la police du port et de la rade de Soulina est confiée à un « Capitaine du port de Soulina ». L'un et l'autre exercent leur autorité indistinctement à l'égard de tous les pavillons et les capitaines marchands sont tenus d'obtempérer aux ordres qui leur sont donnés par eux.

L'inspecteur de la navigation est assisté d'un chancelier et de surveillants répartis sur les différentes sections fluviales de son ressort et placés sous ses ordres. Le capitaine du port de Soulina est également assisté d'un nombreux personnel. Les uns et les autres sont nommés par la Commission européenne, à la majorité des voix et dépendent uniquement d'elle (1), tant pour les rétributions que pour la révocation; ils sont soumis au serment.

Les pouvoirs qu'exerce la Commission, tant par elle-même que par ses organes sont fort nombreux. Elle

(1) Art. 2, acte additionnel du 28 mai 1881.

exerce d'abord le pouvoir législatif, par elle-même, en session plénière, puisque c'est elle, et elle seule, qui édicte les règlements de navigation, de police et de surveillance et qui les modifie en toute indépendance. Elle exerce aussi le pouvoir exécutif, tantôt par elle-même comité exécutif), tantôt par ses agents : inspecteur de la navigation et capitaine du port de Soulina ; tantôt enfin par l'action des bâtiments de guerre, stationnés aux embouchures du Danube et qu'elle peut requérir à cet effet (1). Chaque État signataire entretient aux bouches du Danube deux stationnaires qui peuvent, en cas de contravention, agir sur les bâtiments de leur nationalité. A défaut d'un bâtiment de guerre ayant qualité pour intervenir, les autorités préposées à la police du fleuve, peuvent recourir aux bâtiments de guerre de la puissance territoriale.

Elle exerce encore le pouvoir judiciaire, soit par elle-même, soit par ses agents ; mais la justice est toujours rendue en son nom propre. Les contraventions en matière de police de la navigation sont jugées, en première instance, par l'inspecteur ou par le capitaine du port de Soulina, suivant l'endroit où elles ont été commises (2). L'appel sur ces jugements est porté devant la Commission elle-même, siégeant en dernier ressort (3).

(1) Art. 19 du traité de 1856, art. 11 de l'acte du 2 nov. 1865.

(2) Art. 2, acte additionnel du 28 mai 1881.

(3) Le tribunal est formé d'au moins trois délégués, soit pendant les sessions, soit dans leur intervalle.

On voit qu'ici, la règle fondamentale du droit public français, la séparation des pouvoirs, est méconnue. La Commission européenne détient, en même temps, le pouvoir législatif et le pouvoir judiciaire ; elle édicte, elle-même, les règlements qu'elle applique. De même, les pouvoirs de police sont confondus avec les pouvoirs judiciaires, dans la personne de l'inspecteur de la navigation et du capitaine de port de Soulina ; ils dressent eux-mêmes les contraventions qu'ils jugent ensuite. Les justiciables sont ainsi privés des garanties que leur reconnaissent généralement les législations intérieures. Ils ne songent pourtant pas à s'en plaindre, car la Commission européenne et ses agents n'abusent pas de leurs pouvoirs. En 1897, le nombre des condamnations a été de 32 et le total des amendes a atteint seulement 3.954 francs.

Il est à remarquer que les agents de la Commission et la Commission elle-même sont compétents seulement en matière de police de la navigation et ne peuvent connaître que des contraventions aux règlements (1). Ils ne peuvent pas prononcer sur une demande soit principale, soit même incidente, de dommages-intérêts, soit à leur profit, soit au profit de tiers. L'article 106 du règlement du 2 novembre 1865 est formel à ce sujet : « Les contrevenants, dit-il, peuvent être poursuivis devant les tribunaux compétents, à raison de la

(1) Art. 2, acte additionnel du 28 mai 1881.

réparation civile des dommages qu'ils ont causés. » Cet article exclut la compétence de la Commission européenne et de ses agents.

Il ne se pose aucune question à propos de l'exécution des sentences. Les condamnations pour contravention sont exécutées sur place ; quant aux condamnations à des dommages-intérêts, elles sont exécutoires d'elles-mêmes, puisque le tribunal compétent est, en règle générale, le tribunal du contrevenant.

Enfin elle joue aussi un rôle administratif très considérable qui constitue même sa tâche principale et son but. Elle décide des travaux à faire sur toute l'étendue du fleuve qui lui est soumise et les fait exécuter. Dans ce but, elle perçoit des taxes, gère ses fonds, entretient les travaux, organise les ports, administre ses établissements et services annexes.

On le voit, par ses caractères comme par ses pouvoirs, la Commission européenne diffère essentiellement des commissions fluviales ordinaires. Les commissions prévues par le traité de Vienne sont d'abord et uniquement des commissions riveraines qui ne peuvent par conséquent porter atteinte à la souveraineté territoriale. Celle-ci est au contraire une Commission européenne qui, par son indépendance et l'étendue de ses pouvoirs, apporte de sérieuses modifications à l'autorité riveraine, d'autant plus que, contrairement aux autres, elle ne fait pas qu'émettre des avis, mais des ordres qu'elle-même exécute. Les commissions riveraines n'ont pas non plus d'attributions si étendues, leur mission se borne le plus souvent à donner des conseils sur les travaux d'amélioration du fleuve ou à établir ou réviser les tarifs et règlements qui ne deviennent applicables qu'après promulgation dans chaque État riverain.

La Commission européenne constitue donc, au point de vue des principes, une anomalie qui ne peut s'excuser que par la courte durée que le traité de Paris lui assignait tout d'abord, mais qui, toujours au point de vue des principes, deviendra inexplicable, le jour où elle sera permanente. Et pourtant nous souhaitons que ce jour soit prochain, car comment nier les résultats qu'elle a obtenus. Elle a sauvé de la désorganisation tout une partie du Danube et non la moins importante et, si l'Autriche et la Russie sont les seules Puissances qui veulent en voir la disparition, n'est-ce pas dans un but un peu trop intéressé, comme leur conduite passée en fait foi. Comment nier aussi les avantages remarquables dont elle a, par une sage et vigilante administration, doté le commerce de l'Europe ?

Dès 1857, la question des travaux était débattue. Par quelle embouchure commencer ; fallait-il établir des jetées ou construire un canal (1) ? Sur les réclamations du commerce et des navigateurs qui se plaignaient de la perte de temps causée par les débats, la Commission européenne décida, au printemps de 1858, d'exécuter

(1) V. Voisin-Bey, *op. cit.*, p. 44 et 412.

des travaux d'essai, à titre provisoire, à l'embouchure de Soulina. On construirait deux digues prolongeant le chenal en pleine mer et on draguerait la passe de Soulina. Les travaux, commencés le 21 avril 1858, étaient achevés le 31 juillet 1861 et inaugurés le 3 septembre de la même année. Les digues étaient en bois ; l'une, celle du Nord, avait une longueur de 1412 mètres ; celle du Sud n'avait que 915 mètres. Malgré l'imperfection de ces travaux, on constata sur la passe une profondeur de 5 m. 18 au lieu de celle de 2 m. 40 existant avant les travaux. Depuis cette époque jusqu'en 1870, la profondeur n'a jamais été inférieure à 4 m. 20 (1).

De 1866 à 1870, les digues furent converties en ouvrages permanents et consolidées en béton. En même temps la digue du Sud était prolongée de 139 mètres. Le résultat de ces travaux, accompagnés de quelques dragages entre les jetées, a été une profondeur moyenne de 6 m. 20 entre les années 1870-1876, avec un minimum de 5 m. 94. En 1876-77, la jetée du Sud fut prolongée à nouveau de 62 mètres, ce qui portait son extrémité à la hauteur du musoir de la digue du Nord. Les résultats ont été une profondeur invariable de 6 m. 25, au-dessous du zéro de l'étiage, entre les années 1879 et 1895. Depuis l'année 1895, grâce à des travaux de dragage et à la construction de deux jetées parallèles entre les jetées déjà existantes, la profondeur de 7 m. 31

(1) Engelhardt, Les embouchures du Danube et la commission instituée par le Congrès de Paris, *Revue des Deux-Mondes*, 1er juillet 1870.

a pu être atteinte et s'est maintenue dans la passe de Soulina.

En même temps que ces travaux étaient poursuivis, la Commission européenne en entreprenait d'autres dans le bras de Soulina. Elle fit disparaître d'abord les principaux bas-fonds ; puis, à partir de 1865, elle entreprit des travaux de correction qui portèrent la profondeur du fleuve à 3 m. 96 à l'étiage, maintenue, jusqu'en 1880, grâce à de nouveaux travaux. A cette époque on exécuta, jusqu'en 1886, une série de travaux et de coupures destinés à supprimer les coudes aigus du fleuve, ce qui lui donna une profondeur de 4 m. 57. A partir de 1887, une nouvelle série de coupures fut commencée afin de supprimer d'autres coudes qui empêchaient les très longs bateaux de naviguer dans le bras de Soulina et pour porter la profondeur, à l'étiage, à 5 m. 18, soit 6 m. 10 à 6 m. 40 en eaux moyennes.

Dès 1860, la Commission débarrassa le cours du fleuve des épaves qui l'encombraient et construisit des chemins de halage, établit des poteaux d'amarrage, des bouées et des balises, etc. De 1887 à aujourd'hui, la Commission a exécuté de nombreuses coupures, notamment entre les 8e et 18e milliaires et entre les 31e et 37e milliaires, cette dernière livrée à la navigation le 21 octobre 1897. Une autre coupure, plus petite, eut pour but de supprimer les bas-fonds des Argagnis et a été achevée en 1898. Enfin, la dernière coupure prévue est en cours d'exécution ; commencée en 1898, elle sera probablement achevée en 1902. Le bras de Soulina présentera alors un chenal presque droit et régulier, dont la longueur aura été réduite, par les coupures depuis 1880, de 20 kilomètres 368 mètres.

Par suite de tous ces travaux, la profondeur minima du bras de Soulina, qui était en 1861 de 3 m. 12 à l'étiage, a été portée à 5 m. 41 depuis 1896, ce qui donne, en eaux moyennes, une profondeur de 6 m. 40, et atteint 7 m. 30 en temps de crue.

Outre ces grands travaux, la Commission européenne a construit des phares à Saint-Georges, à Soulina, à Toultcha, au Tchatal d'Ismaïl, au Tchatal de St-Georges ; elle a installé un système de bouées et de balises aux embouchures et jusqu'à Galatz ; elle a construit des quais, des embarcadères, des chantiers, des ateliers, des maisons d'habitation pour les employés, deux hôpitaux, une ligne télégraphique de Soulina à Toultcha, des bâtiments nécessaires au service de l'inspection, un hôtel administratif à Galatz ; elle a acheté des bateaux pour son service et des barques de sauvetage, etc. ; enfin elle possède quatre dragues à vapeur, dont l'une, la *Percy-Sanderson*, légitime objet de l'orgueil de la Commission, est la plus forte du monde et a coûté un million (1).

Sous l'influence de ces travaux, la navigation du Bas-Danube a pris un développement considérable. Lorsque la Commission a entrepris la tâche dont elle

(1) V. *Note sur les travaux techniques de la commission européenne du Danube*, 1898.

était chargée, en 1856, les bateaux de 200 tonnes de registre, à fond plat, ne pouvaient traverser la barre de Soulina sans transborder leur cargaison sur des allèges. Les navires sur lest remontaient avec la plus grande difficulté et une extrême lenteur jusqu'à Galatz et Braïla, où ils prenaient leur chargement de grains. Les difficultés à la descente étaient plus grandes encore. En automne, après la récolte, l'eau était généralement basse, et dès que le navire entrait dans la branche de Soulina, il s'échouait et restait jusqu'à ce qu'on l'eut allégé d'une partie de sa cargaison. Cette opération se faisait au moyen de petits bâtiments spéciaux, possédés et manœuvrés par une population de matelots grec, pour ne pas dire de pirates. L'échouement obligeait à recourir à eux et le navire retrouvait rarement la totalité du grain qu'il leur avait confié. Les pilotes étaient le plus souvent d'accord avec eux et, loin d'éviter les échouements, ils les favorisaient.

Enfin, pour traverser la barre de Soulina, il fallait encore alléger, d'où grandes pertes de temps et de cargaison aussi, car la mer Noire n'est pas tranquille et bien souvent les allèges ne pouvaient sortir ou faisaient naufrage (1). Dans aucun cas le navire n'emportait l'intégralité de sa cargaison.

Dans ces conditions, les prix de transport étaient considérables et la navigation restreinte ; elle était, en

(1) En 1855, un coup de vent du Nord-Est jeta à la côte 24 bateaux à voiles et 60 allèges, causant la mort de 300 hommes.

1856, à Soulina, de 2.340 navires, avec un tonnage net de 334.813 tonnes de registre, soit un tonnage moyen de 143 tonnes. Depuis lors, la navigation a pris d'énormes proportions, le chenal permet aux navires calant 7 m. 08 d'arriver jusqu'à Soulina et cette immersion suffit généralement aux plus gros navires pour emporter toute leur cargaison, sans avoir à la compléter en rade. Ainsi en 1897, quatre bateaux seulement ont dû recourir à ce moyen, et cependant le tonnage net des bâtiments a sensiblement augmenté. En 1896, il est entré dans le Danube 1.713 navires avec un tonnage net de 1.794.934 tonnes de registre ; en 1897, 1.324 navires et 1.397.917 tonnes, soit un tonnage net moyen de 1.056 tonnes de registre (1). Il est à noter aussi que depuis une dizaine d'années, le nombre des navires de gros tonnage augmente progressivement. En 1894, le nombre des navires jaugeant plus de 1.500 tonneaux était de 343, soit près de 20 0/0 du nombre total ; il est, en 1897, de 359, soit 27 0/0, après avoir atteint 471 en 1896 ; leur tonnage représente environ 47 0/0 du tonnage total.

Enfin ce n'est pas seulement à l'embouchure et dans le port de Soulina que l'amélioration s'est fait sentir,

(1) Il est peut-être intéressant de remarquer que la France ne tient, dans le total, qu'une bien petite place. En 1897, elle occupait seulement le 9e rang avec 27 navires dont 25 sont des transports périodiques de la ligne Constantinople-Braïla. Les deux autres, entrés et sortis sur lest, avaient un tonnage total de 94 tonnes. L'Angleterre, au contraire, occupe la première place avec une moyenne annuelle de 733 navires et un tonnage moyen de plus de 997.000 tonnes, soit plus de la moitié du commerce total.

c'est jusqu'à Galatz et Braïla, si bien que, en 1897, cinq navires de 99 à 106 mètres de longueur, d'un tonnage brut supérieur à 3.000 tonnes, ont pu aller chercher leur cargaison jusque dans ces ports.

L'amélioration de la navigabilité amène encore cette conséquence que la plupart des navires vont chercher leur cargaison directement au point d'origine, au lieu de la prendre, comme autrefois, à Soulina ou en rade. Ainsi, en 1896, le nombre des bâtiments chargés à l'embouchure est seulement de 16 0/0, représentant 23 0/0 du tonnage total ; tous les autres bâtiments ont opéré leur chargement dans les ports intérieurs, soit 1.426 navires en 1896, représentant 1.376.933 tonnes de registre et 1.016 navires en 1897, représentant un tonnage net de 962.753 tonnes.

En même temps les frais de transport diminuent dans une proportion égale. Le fret moyen, entre les ports du Danube et l'Angleterre ou le continent, était, avant 1860, de 61 fr. 25 par tonne de poids de céréales. De 1860 à 1870, il est descendu à 52 fr. 50 et n'a pas cessé de diminuer. Entre 1871 et 1880, il était de 36 fr. 95 ; de 23 fr. 30 de 1881 à 1890 et enfin, de 1891 à 1897 le nolis moyen par tonne de céréales n'était pas supérieur à 16 fr. 25. La moyenne de l'année 1897 a été de 14 fr. 20.

Avec la profondeur de sa passe et l'importance de son commerce, Soulina est devenu un port de première classe de la mer Noire. Il se distingue surtout par l'exportation des céréales. Les quantités en provenance de

Soulina et des ports situés en amont, notamment de Braïla, exportées par le Danube, étaient de 6.693.000 hectolitres en 1867. Elles atteignent, en 1887, 23.871.754 hectolitres et en 1893 (1), 41.881.709 hectolitres. L'année 1897, année de mauvaises récoltes, n'a exporté que 28.202.172 hectolitres (2). Le montant de l'exportation des céréales a donc sextuplé de 1867 à 1893 (3). Mais les céréales ne sont pas tout le commerce du Danube, il y a aussi les farines (9.773.000 kilogrammes, en 1897), le son, les bois, l'alcool et les marchandises diverses, la plupart en provenance de Braïla et de Galatz, soit un total de plus de 20.000.000 de kilogrammes.

Voilà ce qu'est devenue la navigation du Danube sous l'influence de la Commission et de ses travaux. Malgré la grande activité qu'on y trouve aujourd'hui, le fleuve est devenu sûr, les accidents ont beaucoup diminué. Pendant la période 1855-1860, on eut à cons-

(1) L'année 1893 a été la meilleure année depuis l'origine. Le nombre des navires entrés dans le Danube, cette année-là, a été de 1.801 ; leur tonnage atteignait 1.893.506 tonnes.

(2) La baisse de l'année 1897 est attribuée aux mauvaises récoltes. La Roumanie en effet, dont l'exportation des céréales s'élève pour la période 1888-96, à la somme moyenne de 240.679.000 francs par an, a vu tomber cette exportation à 179.767.000 francs. L'exportation de la Bulgarie a baissé dans la même proportion. On l'attribue aussi à des crues exceptionnelles qui ont submergé tout le Delta ; et surtout à la guerre gréco-turque. Il est à remarquer en effet que la Turquie et la Grèce, qui tiennent respectivement le 2e et le 3e rang dans la navigation du Danube, avec une moyenne annuelle de 360 et 231 bâtiments, n'ont eu sur le Danube, en 1897 la Turquie que 198 navires et la Grèce que 100.

(3) *Statistique de la navigation aux embouchures du Danube.*

tater 128 naufrages, soit une proportion de 0,81 0/0. Dans la période 1861-1897, on compte 120 naufrages, soit une proportion de 0,16 0/0. Les échouements sont eux-mêmes assez rares, on en compte seulement 12 en 1897, qui n'ont pas amené d'avaries.

Malgré l'importance des travaux accomplis, les tarifs des droits de navigation ont toujours suivi une marche descendante, maintenue par les révisions périodiques quinquennales que prévoyait l'article 15 de l'Acte public du 2 novembre 1865, ponctuellement exécuté. Le premier tarif, du 5 juillet 1860, frappait les bâtiments à partir de 30 tonneaux. Son maximum, pour les bateaux de 300 tonnes remontant le fleuve, était de 3 fr. 30, plus la taxe de pilotage, soit au total 3 fr. 75 par tonne de registre. Ceux qui chargeaient à Soulina payaient 2 fr. 80. Le tarif du 2 novembre 1865 augmenta ces taxes de droits de phare et de pilotage ; ce dernier, obligatoire à la descente, variait entre 120 et 72 francs.

Le tarif du 9 novembre 1870 introduit la première réduction. En 1880, nouvelle réduction des taxes : les navires au-dessous de 100 tonneaux sont exemptés de tous droits. En 1882, nouvelle réduction de 20 0/0. En 1884 (les révisions se succèdent à de courts intervalles) autre réduction de 20 0/0 et exemption des navires jaugeant moins de 200 tonneaux; réduction des droits de phare et de pilotage. En 1887, la Commission institue le pilotage gratuit à la remonte, pour les navires qui acquittent les droits de navigation et diminue ces droits de 20 0/0, pour les navires qui, malgré la gratuité, n'usent pas du pilote.

Le tarif actuel est celui du 19 novembre 1889, modifié en 1898. La taxe maxima actuelle (bâtiments de plus de 1.000 tonnes) est de 1 fr. 90 par tonne de registre, pour les navires chargeant à Soulina. Les bâtiments de moins de 200 tonnes sont exempts. Une réduction de 15 0/0 est accordée, à partir du second voyage, aux bateaux qui font plusieurs voyages dans la même année. Enfin les paquebots qui font un service régulier périodique de passagers, jouissent d'une réduction de 60 0/0.

Ces droits comprennent les taxes destinées à couvrir les dépenses des travaux, des phares, du pilotage et de tous autres établissements. En dehors d'eux, les bâtiments ne sont assujettis à aucune autre redevance. La réduction de 20 0/0 existe toujours pour les bâtiments qui n'usent pas du pilote (1).

Les revenus procurés par ces tarifs sont les seules ressources de la Commission européenne ; avec eux elle a pu suffire à toutes ses dépenses, faire face à ses engagements et arriver à la prospérité.

Au début, les embarras financiers de la Commission semblèrent devoir la paralyser. Elle n'avait en effet aucune ressource et ne pouvait s'en créer de suffisantes

(1) Les droits sont perçus sur le tonnage net du bâtiment, ramené au système de jaugeage adopté par la Commission européenne. L'unité de jauge est une capacité de 100 pieds cubes anglais, soit 2 mètres cubes 83.

en établissant des taxes. Force lui fut donc, pour faire face aux premiers travaux, de recourir aux bonnes volontés (1). Le gouvernement ottoman offrit de lui-même de subvenir aux premières dépenses; il fournit à la Commission, pendant les années 1857 à 1860, une somme de 3.739.540 francs, indépendamment de diverses prestations en nature. Mais cet arrangement présentait des inconvénients : les fonds étaient irrégulièrement versés. Les embarras financiers de l'empire ottoman amenèrent souvent la suspension des paiements, si bien que la Commission dut, plusieurs fois, suspendre ses travaux, avec la perspective de se voir réduite à l'inaction complète. Heureusement, en 1860, les travaux, déjà commencés, permirent d'établir un tarif de navigation. Grâce à cela, la Commission put se procurer quelques ressources, la Porte ayant consenti à suspendre l'exercice de son privilège sur le produit des taxes.

Pour continuer les travaux, deux emprunts furent alors conclus: le premier, en 1860, avec la banque ottomane de Galatz qui prêtait 750.000 francs à 12 0/0 d'intérêt ; l'autre, en 1862, avec la banque allemande du Nord à Hambourg, qui prêtait 2 millions à 6 0/0 d'intérêt. Les deux emprunts étaient garantis par le produit des taxes.

Dès l'année 1865, ils étaient remboursés, sauf un solde de 110.000 francs non encore échu. Mais on prévoyait que de nouveaux emprunts allaient être néces-

(1) Voisin-Bey, *op. cit.*, p. 127 et suiv.

saires pour transformer les travaux provisoires en travaux définitifs. Le devis évaluait les dépenses à plus de 2 millions et demi. Les ressources de la Commission n'atteignaient pas 500.000 francs par an ; il fallait donc emprunter. On négocia de tous côtés, aucune banque n'accepta de prêter une si grosse somme avec si peu de garanties. La Commission essaya alors de deux emprunts sur place, en émettant des bons portant intérêt à 10 0/0 ; grâce à cette combinaison, les travaux purent continuer pendant l'année 1867. Il ne fut possible de contracter l'emprunt nécessaire qu'après que les Puissances eurent convenu de le garantir collectivement (1). Les négociations avec les maisons de banque aboutirent enfin, le 29 septembre 1868 (2). La maison Bischoffsheim et Goldschmidt, de Londres, prêtait 3.375.000 fr., à 4 0/0, remboursables par annuités jusqu'au 31 décembre 1882. Malgré ce prêt, la Commission eut encore des difficultés et dut, dans l'année 1872, faire trois petits emprunts, tous remboursés en 1875.

En 1876, pour la première fois, le chiffre des perceptions dépassa 2 millions et s'y maintint jusqu'en 1883 ; la Commission put alors payer toutes ses dettes et constituer un fonds de réserve qui atteignait, en 1879, 1.800.000 francs. Conformément au plan d'amortissement, la dette envers la maison Bischoffsheim était

(1) Convention de Galatz du 30 avril 1868.

(2) *Livre jaune*, 1869 et de Testa, *Traités de la Porte ottomane avec la France*, t. VII, p. 681.

complètement payée le 31 décembre 1882. Il ne restait plus que la dette envers le gouvernement turc, atteignant 3.764.788 francs. La créance fut cédée en 1880, à la banque Erlanger, de Paris, et elle était complètement remboursée le 30 juin 1887. Depuis cette époque, la Commission européenne n'a plus de passif.

Telles sont brièvement exposées les difficultés financières par lesquelles est passée la Commission et comment elle en est sortie. Elle ne s'en est pas tenue là. Non contente de payer ses dettes, elle a voulu faire des économies pour parer à toutes les éventualités (en 1877, par exemple, lors de la guerre d'Orient, elle a été bien heureuse de se trouver à la tête d'un fonds de réserve). Dans ce but elle a constitué un fonds de réserve, qui, en 1879, atteignait 1.800.000 francs, mais a été successivement réduit à 1 million.

Au 31 décembre 1896, la situation financière de la Commission était la suivante :

Recettes provenant des droits de navigation . . . . 2.599.426 fr. 28

ce qui donne, en y ajoutant les recettes diverses, les intérêts des sommes déposées, l'excédent en numéraire des années antérieures, la valeur des matériaux en dépôt et les soldes actifs des comptes courants, un total de recettes de . . . . 3.768.559 fr. 78

Les dépenses ont atteint pendant la même année la somme de . . . 2.513.659 fr. 83

soit un excédent de recettes de. . 1.254.899 fr. 95

ce qui, en y ajoutant le fonds de réserve, donne au 31 décembre 1896 un actif de . . . 2.254.899 fr. 95 sans compter les fonds spéciaux, autres que le fonds de réserve, c'est-à-dire le fonds de retraite des employés, le fonds de retraite des pilotes et le fonds des services sanitaires dont nous parlerons plus loin.

Le bilan de l'année 1897 est moins favorable. Les recettes provenant des droits de navigation n'ont été que de . . . . 1.947.679 fr. 30
et les recettes totales ne se sont
élevées qu'à . . . . 3.572.979 fr. 88
Les dépenses ont atteint par contre 2.767.295 fr. 37
soit un excédent de . . . . 805.784 fr. 51
non compris le fonds de réserve. La diminution, on le voit, est de 450.000 francs environ. On l'attribue à diverses causes, notamment la guerre gréco-turque. Il est à remarquer, en effet, que la Grèce, qui figure après la Grande-Bretagne pour la somme la plus importante dans les recettes effectuées par la Caisse de Soulina, n'a versé que 176.571 francs en 1897, au lieu de 372.896 francs en 1896 (1).

La situation financière de la Commission européenne ne laisse donc, aujourd'hui, plus rien à désirer. Les grands travaux sont en partie terminés (2), ils le seront complètement en 1902 ; il lui restera alors seulement à

(1) Annexe II au protocole n° 570.

(2) On sait que la Commission n'a plus en cours d'exécution qu'une grande coupure, celle entre les 18e et 27e milliaires qui doit être terminée en 1902.

pourvoir à l'entretien et à quelques travaux de perfectionnement de moindre importance. Elle pourra donc encore réduire ses tarifs, si la chose est possible ; dans tous les cas, elle aura devant elle des avances suffisantes pour faire face à toutes les éventualités. On a vu en effet qu'elle s'est constitué un fonds de réserve d'un million après avoir liquidé tout son passif, et que tous ses exercices financiers se soldent par un fort excédent.

A côté de ces services, que le traité de Paris lui imposait, la Commission européenne en a créé d'autres, ayant pour but, non plus les travaux, mais la plus grande commodité de la navigation, sa sécurité, ou le bien-être de son personnel. Ce sont ces services annexes qu'il nous reste à étudier maintenant.

Elle a d'abord organisé un service sanitaire. Le climat des embouchures du Danube est fort malsain, surtout en été, et les marins, au cours des voyages, y tombent souvent malades ; le personnel de la Commission, établi entre Soulina et Galatz, est lui-même fréquemment atteint. Dans le but d'apporter un remède à cet état de choses, la Commission a fondé, à Soulina, deux hôpitaux, l'un appelé hôpital de la marine, construit en 1869 est destiné aux marins de toutes nationalités, aux ouvriers et employés de la Commission. Il a été ouvert en 1871 aux Souliniotes. L'autre, dit hôpital des maladies épidémiques, reçoit également les marins, employés et Souliniotes. Depuis 1870, la proportion, sur 100 bâtiments, des marins admis à l'hôpital de la marine, n'a cessé de décroître. Jusqu'en 1877, elle atteignait 77 0/0 ; en 1885, elle n'était plus que de 21 0/0 ; enfin en 1893, elle était de 9, 46 0/0 et en 1897 de 6,79 0/0.

L'hôpital de la marine a reçu, en 1897, 88 marins malades et a donné 209 consultations à des marins de toutes nationalités. En comprenant les ouvriers et employés de la Commission et les Souliniotes entrés en traitement, le total des malades soignés à l'hôpital, en 1897, est de 410 ; sur ce nombre, il n'y a eu que 19 décès. L'hôpital a donné, pendant la même année, 4840 consultations gratuites : on voit que les Souliniotes entrent, dans une grande proportion, parmi les bénéficiaires de l'institution. Enfin, le nombre des décès diminue d'année en année, quoique, depuis 1893, le nombre des entrées à l'hôpital soit à peu près stationnaire.

En 1893	621 entrées	75 décès
1894	471 —	32 —
1895	414 —	25 —
1896	427 —	26 —
1897	410 —	19 —

L'hôpital des maladies épidémiques est, depuis quelques années, moins fréquenté. En 1897, il n'y a eu que 8 malades en traitement, dont deux marins seulement, au lieu de 15, en 1896 et de 11 en 1895. C'est surtout la fièvre typhoïde qui cause des ravages à Soulina, par suite du manque d'eau potable, et les fièvres paludéennes.

Les services sanitaires sont régis par les articles 6 et

7 de l'Acte additionnel du 28 mai 1881. Ces articles prévoient l'institution, à Bucarest, d'un conseil international de santé, qui s'entendra avec la Commission européenne pour les règlements sanitaires à établir aux embouchures du Danube et les taxes sanitaires. Mais ce conseil n'a jamais fonctionné. Il est alors intervenu, entre la Commission et le gouvernement roumain, un arrangement verbal, aux termes duquel « la perception « des droits sanitaires et la gestion du fonds à former « au moyen de leur produit, passent aux mains de la « Commission ».

Depuis 1882, les choses restent en l'état de ce *modus vivendi*. On admet que la Commission européenne établit les taxes sanitaires et les perçoit. Par gestion, on entend le placement du produit des taxes et sa fructification. Quand le gouvernement roumain veut faire des travaux dans un but sanitaire, il s'adresse à la Commission qui lui donne les fonds. Ainsi, en 1893, le gouvernement décida de faire des travaux d'adduction d'eau potable à Soulina; la Commission fut saisie du projet, et les travaux sont actuellement en cours d'exécution, la Commission ayant donné les fonds nécessaires.

Le fonds des services sanitaires est alimenté par la taxe perçue sur le tonnage, taxe de 0 fr. 07 par tonne de registre. Cette taxe est comprise dans le tarif des droits de navigation et ne fait qu'un avec eux. La moyenne annuelle de la navigation étant d'environ 1.550.000 tonnes, on peut évaluer le revenu sanitaire à

110.000 francs par an, ce qui, déduction faite des dépenses, soit environ 52.000 francs (1), laisse un revenu net annuel de 58.000 francs. Grâce à ce revenu, on est arrivé à réaliser, en 1893, un capital d'environ 952.000 francs. Une grande partie de cette somme est actuellement employée aux travaux d'adduction d'eau potable à Soulina, conformément à la décision de la Conférence de Dresde de 1893.

C'est le service annexe le plus important ; mais il en est d'autres qui ont aussi leur utilité : tel est le service des phares. Jusqu'au 31 mars 1879, le service des phares était fait par l'État ottoman. A cette époque, il est passé à la Commission européenne et, à partir de ce jour, les droits de phare ont été assimilés aux droits de navigation proprement dits (2). La Commission a elle-même apporté de nombreuses améliorations à ce service ; elle a notamment augmenté le nombre des feux. On en comptait deux seulement jusqu'en 1864, et encore de très petite grandeur : celui de l'île des Serpents et celui de Soulina. Aujourd'hui les embouchures sont éclairées par cinq phares de grande portée : le phare de St-Georges, le phare de l'île des Serpents, celui de Soulina, le phare du musoir de la digue du Nord et le phare du musoir de la digue du Sud.

En outre, la Commission a établi des feux d'alignement, des bouées sonores en mer, des balises aux en-

(1) Ces 52.000 francs comprennent les frais des hôpitaux.

(2) Art. 5, acte additionnel du 28 mai 1881.

droits dangereux et des signaux explosifs à Soulina et à Portizza, pour les temps de brume, etc., etc. Grâce à ces mesures, la navigation, dans ces parages, ne court plus aucun risque, autre que la tempête.

Pour augmenter la sécurité de la navigation, la Commission a organisé un service de pilolage. Il est divisé en deux sections : le pilotage à l'embouchure et le pilotage fluvial.

L'organisation des pilotes de la barre a souvent varié. A l'origine, le corps des pilotes, indépendant et composé de 30 membres, sous la direction d'un chef pilote et d'un sous-chef, se partageait mensuellement les droits de pilotage perçus à part. Le règlement du 2 novembre 1865, ayant rendu le pilotage obligatoire, organisa un corps spécial de pilotes brevetés, responsables. Dans la suite, le nombre des pilotes fut successivement diminué ; il est actuellement de 15. Les pilotines à rames et à voiles furent remplacées par des pilotines à vapeur. A partir de 1880, on organisa le pilotage de nuit. Enfin depuis le 1er janvier 1878, il existe une caisse de retraite des pilotes de la barre. Cette caisse, d'abord alimentée par des versements faits par la Commission et par le montant des quote-parts des pilotes successivement congédiés, s'est tellement accrue qu'en 1885, elle avait restitué toutes les avances faites par la Commission. Depuis 1885, les pilotes de la barre ont un traitement fixe, payé par la Commission, et, depuis 1887, une indemnité de retraite moyennant une retenue de 3 0/0 sur leurs appointements mensuels (1). Le brevet de pilote est délivré par le capitaine de port et visé chaque année.

L'organisation du pilotage fluvial a varié également. A l'origine, les pilotes fluviaux, divisés en deux classes : pilotes de 1re classe pour les bateaux à vapeur, pilotes de 2e classe pour les voiliers, étaient en nombre illimité et touchaient directement le montant de la taxe fixée par le tarif pour le voyage effectué. En 1865, fut organisé le corps des pilotes fluviaux brevetés, sous l'autorité de l'Inspecteur de la navigation qui délivre le brevet et le vise chaque année. A partir de 1884, les pilotes de 1re classe furent organisés en corps fermé, composé de 35 membres, travaillant à tour de rôle. Les pilotes de 2e classe restaient toujours soumis à la concurrence entre eux. En 1888, la Commission ayant institué le pilotage gratuit pour les navires acquittant les droits de navigation, les deux classes de pilotes furent fermées. Le nombre des pilotes est actuellement de 38 pour la 1re classe et de 30 pour la 2e classe, avec traitement fixe. Il y a en outre 12 élèves-pilotes. A leur tête est un chef pilote qui doit avoir trois bureaux : à Galatz, à Braïla et à Toultcha, et un sous-chef pilote résidant à Soulina.

Les pilotes fluviaux ont, comme les pilotes de la barre, droit à une indemnité de retraite ; leur caisse est ali-

(1) Voir règlement du 13 novembre 1887. Le traitement du chef pilote est de 8,000 francs, celui du sous-chef pilote 6,000 francs, ceux des pilotes 4,000 et 4,500 francs. L'indemnité de retraite varie de 10,000 à 2,000 francs suivant le grade et le temps de service.

mentée, de la même manière que la précédente par une retenue de 3 0/0 sur les traitements.

Le fonds de retraite des pilotes de la barre et des pilotes fluviaux s'élevait, au 31 décembre 1896, à la somme de 113.488 fr. 91. Les recettes se sont élevées, pendant l'année 1896, à 12.200 fr. 02.

La Commission européenne a organisé encore un service de sauvetage, dès 1857. Actuellement, ce service comprend trois bateaux de sauvetage à six et dix rames. Il est régi par un règlement du 15 janvier 1884 et les instructions du 6 novembre 1890. Tous les pilotes de la barre sont affectés à ce service, ainsi que les matelots des embarcations de la Commission. Des manœuvres d'exercice ont lieu tous les mois. Ce service est sous la direction d'un instructeur spécial.

Enfin la Commission a fondé une caisse de retraite pour ses employés, ou plutôt un fonds d'indemnités de retraite. Ce fonds est alimenté par la retenue de 3 0/0 sur les traitements, par l'intérêt des titres et les subventions de la Commission. L'actif de ce fonds de retraite s'élevait, au 31 décembre 1896, à 470.359 fr. 71, après paiement de 100.507 fr. 83 comme indemnité de retraite à l'inspecteur de la navigation et au capitaine du port de Soulina. Les recettes de l'année 1896 ont été de 46.735 fr. 21.

Telle est l'œuvre complète de la Commission européenne. Elle a fait de la partie du Danube, que le traité de Paris lui a confiée, une des plus belles artères navigables de l'Europe. Elle a rempli sa tâche intégralement en exécutant des travaux remarquables ; elle a affirmé sa personnalité par son administration sage, vigilante et ferme ; elle a respecté tous les intérêts sans jamais leur faire de concessions exagérées ; enfin, chose extraordinaire, elle a accompli sa mission sans s'attirer de haines, sans mériter de reproches ; elle a travaillé dans l'ombre et pourtant avec éclat. N'est-ce pas là véritablement la plus pure manifestation du concert européen, l'image la plus parfaite de cette communauté internationale qui se développe tous les jours et finira par embrasser le monde entier dans une étreinte pacifique et fraternelle, triomphe du Droit et de l'Humanité.

Et cette œuvre admirable, on voudrait la voir disparaître ! Nous n'y pouvons croire. Si quelque voix s'élevait contre elle, elle serait bientôt couverte par les protestations indignées de ceux qui ont encore le culte de la reconnaissance et du désintéressement.

SECTION II. — Le régime du Bas-Danube.

Cette partie du grand fleuve est la seule réglementée; aussi mérite-t-elle d'être étudiée avec quelque détail. Comme toutes les autres sections, elle est naturellement soumise à la liberté de commerce et de navigation; mais, à l'encontre des autres, ce n'est pas seulement en droit, c'est aussi en fait. Ce résultat a été obtenu au moyen de règlements qui, sur les sections supérieures, font absolument défaut.

Le premier de ces règlements, l'Acte public du 2 novembre 1865, a été modifié de nombreuses fois ; les règlements du 8 novembre 1870 et du 10 novembre 1875 lui ont succédé. Aujourd'hui, l'acte en vigueur porte la date du 19 mai 1881 ; il n'a subi depuis lors que des modifications de détail, nombreuses mais peu importantes (1).

Ce règlement comprend 155 articles, divisés en huit titres. Il donne les règles à observer par tous ceux qui se servent du fleuve ou qui le surveillent. Examinons-les brièvement.

Le service de la navigation entre Braïla et la mer est placé sous l'autorité de l'Inspecteur de la navigation du Bas-Danube et du Capitaine de port de Soulina. Leur autorité s'étend à tous les pavillons, elle est assurée par l'action des stationnaires. Les capitaines marchands peuvent les prendre comme arbitres en cas de contestation avec leurs équipages (Dispositions générales, art. 1 à 6).

Le titre 1er s'occupe de la police de la rade et du port de Soulina. La rade de Soulina comprend les eaux de la mer sur un rayon de deux milles nautiques autour de la tête de la digue du Nord ; cette partie de la mer est, comme le port lui-même, soumise à l'autorité du capitaine du port de Soulina. C'est, on le voit, une extension des principes du Congrès de Vienne, en ce qui

(1) Il ne faut pas confondre le règlement du 19 mai 1881 avec l'acte public du 28 mai 1881, additionnel à l'acte public du 2 novembre 1865.

concerne le domaine fluvial commun ; extension toute légitime, surtout en la circonstance, car les bancs qui obstruent l'entrée de la passe de Soulina s'avancent à quelque distance en mer, et les travaux de la Commission s'étendent jusqu'à eux. Des dragages journaliers ont pour but de creuser, à travers ces bancs, un chenal, véritable continuation du fleuve jusqu'aux plus grands fonds de la mer Noire.

L'entrée de la rade et du port de Soulina est interdite aux bâtiments qui ne portent pas leur pavillon national. Si le navire reste en rade, il est soumis à l'autorité du capitaine de port de Soulina.

Le port de Soulina comprend le bras de Soulina sur une longueur de 3 milles en amont de la tête des digues. Le pilotage est obligatoire pour franchir la passe pour tout navire au-dessus de 100 tonneaux. Le navire prend sa place dans le port sur les indications du capitaine de port. Dans les 24 heures doit avoir lieu le dépôt des papiers de bord, qui sont transmis au consul, s'il y a lieu. En outre, le rôle d'équipage doit être présenté à la Caisse de navigation. Cette obligation n'existe pas pour les bateaux à vapeur faisant des voyages périodiques, sauf lors du premier voyage de l'année. Les mêmes formalités ont lieu à la sortie ; le capitaine de port délivre un laissez-passer.

Le capitaine de port porte les secours les plus urgents au cas d'échouement et de naufrage ; il dresse procès-verbal, etc.

Le titre Ier comprend encore un certain nombre de règles de police sur la circulation dans le port, l'amarrage, etc. (1).

Le titre II s'occupe de la police du fleuve. Le premier soin du capitaine qui navigue sur le Danube doit être de veiller à ne causer aucun dommage soit à la navigabilité, soit aux autres bâtiments. Dans ce but, il doit observer les règles édictées pour les bâtiments qui se croisent ou se dépassent et les signaux à faire en pareil cas ; pour les chemins de halage, pour la navigation pendant la nuit, ou en temps de brouillard, pour les bâtiments au mouillage le long des rives, pour les radeaux, etc. Les capitaines de navires marchands doivent se conformer à toutes ces règles, mais ils doivent le faire avec intelligence, en tenant compte des dangers de la navigation et des circonstances particulières qui peuvent rendre une dérogation nécessaire afin de parer à un péril immédiat.

Si, malgré toutes ces précautions, survient un échouement ou un naufrage, il est imputé à la négligence ou à la mauvaise volonté du capitaine ou de son équipage qui en est responsable jusqu'à preuve contraire. L'inspecteur doit être immédiatement prévenu, et lui seul peut dresser procès-verbal du fait. Après quoi, il entreprend lui-même, ou surveille le sauvetage opéré par l'équipage, suivant que l'utilité publique

(1) Art. 7 à 29.

l'exige ou non. Enfin il est interdit de jeter du lest dans tout le cours du fleuve et à l'embouchure (1).

Le titre III réglemente la police du port de Toultcha. Le titre IV organise le pilotage (2). Le titre V s'occupe du service des allèges (3). Ce service ne peut être entrepris qu'avec l'autorisation de l'inspecteur de la navigation qui doit se rendre compte de l'état des bâtiments employés à ce service. Tout patron d'allège est soumis à un cautionnement de 600 francs. Les opérations d'allège sont surveillées soit par l'inspecteur, soit par le capitaine de port, suivant le lieu. Les allèges peuvent, dans certains cas et sous certaines conditions, pratiquer le cabotage (4).

Le titre VI réglemente le remorquage. L'exercice du remorquage est soumis à l'immatriculation du capitaine du port de Soulina. Les bâtiments employés doivent remplir certaines conditions de force motrice et de solidité. Ils sont divisés en trois classes, suivant leur force, et soumis à l'obtention d'une licence. Le capitaine qui entreprend de remorquer un train pour lequel la force de son bâtiment est insuffisante, est civilement responsable de tous les dommages qui peuvent en résulter (5).

(1) Art. 30 à 74.

(2) V. plus haut, p. 206 et suiv.

(3) On sait que les allèges sont de petits bateaux destinés à prendre une partie de la cargaison, dans le cas où le tirant d'eau du navire ne lui permettrait pas de franchir la passe ou un bas-fond.

(4) Art. 93 à 110.

(5) Art. 110 à 221.

Le titre VII établit des mesures de précaution dans l'intérêt des travaux d'amélioration du Bas-Danube. Les capitaines doivent éviter soigneusement de porter dommage aux ouvrages construits par la Commission et prendre des mesures pour entraver le moins possible les travaux en cours d'exécution, notamment les travaux de dragage (1).

Enfin, toutes ces dispositions ont pour sanction des contraventions punies de l'amende. Les amendes varient de 10 à 5000 francs, suivant les cas. En outre, les pilotes sont punis de la suspension ou de la destitution. Les allèges et remorqueurs sont affectés par privilège au paiement de l'amende encourue (2). Les injures et voies de fait sont également punies par des amendes de 10 à 300 francs.

La récidive double le maximum de l'amende, lorsqu'elle a lieu dans l'espace de deux ans. Les contrevenants sont en outre civilement responsables des dommages causés.

On sait que l'inspecteur de la navigation et le capitaine du port de Soulina sont compétents en première instance pour toutes ces contraventions ; leur jugement est notifié à l'autorité consulaire du contrevenant. Le versement de l'amende s'effectue à la Caisse de la navigation. L'appel doit avoir lieu dans les trois mois ; il est porté devant la Commission. La Commission peut,

(1) Art. 122 à 124.
(2) Art. 125 à 145.

en outre, évoquer, en tout état, toute cause devant elle (1).

Le régime du Bas-Danube est, comme on vient de le voir, parfaitement réglementé. Grâce à ces règlements, la navigation ne subit que le minimum d'entraves et ne court que les moindres risques, ce qui, avec la non-ingérance du pouvoir territorial, constitue en réalité la liberté du commerce et de la navigation fluviale.

(1) Art. 146 à 155.

CONCLUSION

La seule conclusion à tirer de cette étude, c'est que, comme nous le disions en commençant, le Danube, fleuve international, n'est soumis à aucune des règles édictées par les grands traités, dans le but de réglementer les fleuves internationaux. Faut-il regretter cette exception, ou bien doit-on la supporter comme un moindre mal ?

Evidemment, au point de vue abstrait des principes, cette situation doit être considérée comme déplorable. N'est-ce pas, en théorie pure, le principe qui doit toujours triompher ? En l'appliquant au cas qui nous occupe, le résultat eût peut-être été plus satisfaisant que l'état actuel ; le fleuve eût du moins été réglementé dans son entier. Mais comment l'eût-il été ?

D'autre part, dans une question pratique, comme celle-ci, les principes, du moins ceux concernant le Danube, qui ne sont que relatifs, ne doivent-ils pas céder devant la nécessité ? Le régime actuel, tout imparfait qu'il est, n'est-il pas préférable, et de beaucoup, à une organisation tout entière riveraine sous la haute direction de l'Autriche ? Nous le croyons sincèrement, appuyé dans cette conviction par un exemple, le seul qu'il eût été permis à l'Autriche de donner : le règlement du 7 novembre 1857.

La situation actuelle du Danube doit donc être considérée comme un moindre mal.

Pourtant, nous voudrions la voir subsister parce qu'il est peut-être impossible de la remplacer par une autre, plus satisfaisante, étant donné les circonstances. Nous voudrions seulement la voir se développer. Bien des solutions, à la vérité, possibles et même souhaitables, seraient en mesure de mettre un terme à cette semi-organisation du Danube (1). L'une des plus radicales serait le retour aux principes de 1815 et de 1856 et la création d'une commission riveraine dont l'autorité s'étendrait d'une extrémité du fleuve à l'autre.

Cette commission aurait les mêmes pouvoirs que ses similaires, l'autorité exécutive restant aux États riverains, chacun sur son territoire. Mais nous avons déjà dit les dangers que cette organisation présenterait, si toutefois elle était admise par l'Autriche, en ce qui concerne le Danube supérieur. Il serait à craindre que cette Puissance, n'ayant à côté d'elle que des États secondaires, ne se laissât aller à exercer, même peut-être à prétendre, au droit d'exercer une certaine hégémonie sur tout le fleuve, ce qui rendrait alors le régime de liberté et de communauté illusoire.

Aussi, croyons-nous que la meilleure solution, et

(1) Geffcken en propose cinq. V. *La question du Danube*, p. 60 à 63.

celle qui aurait le plus de chances d'être acceptée par tous, serait l'extension de la Commission européenne jusqu'aux Portes de Fer. Le Danube supérieur serait exclu de la communauté, c'est vrai, mais serait-ce là un bien grand dommage, si l'on considère que la navigation internationale y est fort restreinte ou plutôt presque nulle. La seule difficulté que présenterait ce système, serait de le faire accepter par la Roumanie. Cette Puissance, à laquelle on pouvait imposer toutes conditions en 1878, a pris, depuis, conscience de ses droits de souveraineté et s'y est fortement attachée. Or l'extension des pouvoirs de la Commission jusqu'aux Portes de Fer leur apporterait une grave limitation. Cependant il serait peut-être possible, avec du tact et certaines garanties, de la lui faire admettre. Le gouvernement roumain est animé d'une grande confiance envers la Commission européenne ; ne pourrait-on pas lui faire comprendre qu'il aurait encore intérêt à lui céder le cours du fleuve, de Braïla aux Portes de Fer. Le sacrifice serait de peu d'importance en somme, car que lui servent des droits de souveraineté sur des rives désertes. En retour, la Roumanie verrait sa prospérité grandir, ses ports fréquentés, son commerce décuplé. Ne sont-ce pas là des compensations suffisantes, sans compter celles qu'on pourrait lui donner encore.

Nous pensons que c'est la solution la plus désirable, celle qui s'impose quand on considère tous les services que la Commission européenne a rendus et ceux qu'elle serait capable de rendre si sa sphère d'action était agrandie. Elle continuerait, il est vrai, le système dérogatoire aux principes, elle restreindrait la souveraineté des riverains, elle étendrait un régime exceptionnel ; mais qu'importe, puisque le même résultat serait atteint, et par des moyens non illégaux, qu'en se conformant aux principes.

Il serait alors permis de dire, avec l'empereur François-Joseph, que le Danube (en exceptant toutefois la partie du fleuve soumise à son empire) est ouvert pour le plus grand bien des peuples et la prospérité du commerce international.

Vu :
Le Président de la thèse,
RENAULT.

Vu :
Le Doyen,
GLASSON.

Vu et permis d'imprimer :
Le Vice-Recteur de l'Académie de Paris,
GRÉARD.

TABLE DES MATIÈRES

Imp. J. Thevenot, Saint-Dizier (Haute-Marne)

Imp. J. Thevenot, Saint-Dizier (Hte-Marne)

www.ingramcontent.com/pod-product-compliance
Ingram Content Group UK Ltd.
Pitfield, Milton Keynes, MK11 3LW, UK
UKHW020242180726
13839UKWH00001B/128